Henri Strauss

Ein einsames Urteil - Semitismus und Antisemitismus

der Fall des Kapitäns Dreyfus

Henri Strauss

Ein einsames Urteil - Semitismus und Antisemitismus
der Fall des Kapitäns Dreyfus

ISBN/EAN: 9783743429727

Hergestellt in Europa, USA, Kanada, Australien, Japan

Cover: Foto ©ninafisch / pixelio.de

Manufactured and distributed by brebook publishing software (www.brebook.com)

Henri Strauss

Ein einsames Urteil - Semitismus und Antisemitismus

Ein infames Urteil

(Semitismus und Antisemitismus).

Der

Fall des Kapitäns Dreyfus.

Von

Henri Strauß,

Directeur, Rédacteur en chef de „l'Alliance nationale".

Preis: 1 Mark.

Erste Auflage.

Straßburg i. E.
Verlag von Josef Singer.
1897.

Vorbericht.

Wenn meine Broschüre erst heute erscheint, so danke ich das meinem bösen Stern, der mir ein merkwürdiges Vorrecht verliehen hat. Ich falle manchmal den Machern in die Hände, ja oft geht es mir noch schlimmer.

Vor zwei Monaten sitze ich ganz ruhig in meinem Zimmer in einem Genfer Hotel; da tritt der Kellner herein und überreicht mir eine Karte mit den Worten: „Da unten ist ein französischer Journalist, der Sie zu sprechen wünscht."

Die Karte trägt die Aufschrift

A. Lagouthe

Ex-Direktor und Chefredakteur der „Avant-Garde", unabhängiges, republikanisches Fortschrittsblatt der beiden Savoyen und der Landschaft Gex

Annemasse.

„Kenne ich nicht," lautet meine Antwort. „Der Herr soll mich im Rauchzimmer erwarten."

Ich gehe also hinunter und finde da meinen Lagouthe in der allergemütlichsten Verfassung, wie er eine Tasse Mokka schlürft und dazu ein Gläschen Kirschwasser umrührt.

Sofort steht der Mensch auf, schüttelt mir cordial die Hand, behauptet mich zu kennen und führt sich ein als alter-ego, den unzertrennlichen Genossen des Marquis de Morès, Kapitän Fracasse genannt. Er überschüttete mich mit einem Redestrom, schwätzte von meinem ruhmreichen Kampf, den er verfolgt habe, behauptete trotz seiner Freundschaft mit besagtem Morès doch für mich Partei zu nehmen. Seine erste Zeitung sei der „Intransigeant" gewesen, ferner habe er als Mitarbeiter im „Radical Algérien" geschrieben.

Er fragte mich nun weiter aus und ich, der ich mir in meiner Leichtgläubigkeit, aller Lehrgelder ungeachtet, immer wieder vorstelle, daß andere Leute so offenherzig sind, wie ich selbst, teile ihm schließlich mit, daß ich zwei Arbeiten zu veröffentlichen wünsche. Die eine soll den Titel führen: „Le Triomphe des Coquins" und soll all' die Abscheulichkeiten der Minister aufdecken, von den Zeiten des berüchtigten Constans bis auf unsere Tage, ferner die Infamien der verschiedenen Verwaltungen in Frankreich, um welche uns Europa nicht beneidet, und hauptsächlich den Richterstand und die schändliche und erbärmliche Pariser Polizei, welche „Lépine — sans roses" (Dorn ohne Rosen) leitet.

Die andere Arbeit soll den Titel führen: „Ein infames Urteil" und die Unschuld des unglücklichen Kapitäns Dreyfus beweisen.

Lagouthe machte mir nun den Vorschlag, nach Paris zu gehen, um diese Schriftstücke auf meine Rechnung zu verlegen, falls ich ihm die Hälfte des Gewinnes zusichern würde.

Wir einigten uns so, daß er die Reisekosten übernähme und daß er mir einen Vorschuß bewilligte.

Ich ging auf seinen Vorschlag ein und in kurzer Zeit verfaßte ich das Buch „Le Triomphe des Coquins". Der Band sollte etwa 600 Seiten umfassen.

Ich übergab ihm nun das Konzept, das er mir zur Korrektur wieder einhändigen sollte, aber ich habe das Schriftstück nie wieder zu Gesicht bekommen. So oft ich darnach fragte, hieß es, er befasse sich mit der Korrektur.

Lagouthe, der ein leidenschaftlicher Spieler war, verbrachte seine Tage und Abende im Café de l'Opéra. Er bat mich, mich mit Niemand in ein Gespräch einzulassen, da die meisten Besucher des Café Mitglieder der geheimen Polizei seien. Heute bin ich fest überzeugt, daß der einzige Späher der besagte Lagouthe selber war. Als er nach Paris abreisen mußte, sagte er mir, daß er ganz abgebrannt sei. Er hätte alles im Spiel verloren, hätte sogar die Juwelen seiner Frau versetzen müssen und bat mich, ihm einen Brief zu geben, in welchem ich aussagte, daß er mir tausend Franken als Vorschuß für das Manuskript schulde. Auf diesen Brief hin würden ihm die Verwandten seiner Frau dann das nötige Geld für die Pariser Reise geben. Ich gab ihm also den gewünschten Brief.

Am 6. Mai schrieb ich ihm dann einen Brief mit den nötigen Anweisungen für die herauszugebenden Arbeiten.

Nachdem er diesen Brief erhalten hatte, teilte er mir mit, er hätte nicht das nötige Geld für Paris und bäte deshalb um 3 Quittungen im Gesamtbetrage von 1600 Franken, die einen scheinbaren Vorschuß auf die Manuskripte bedeuteten. Daraufhin würde er dann jedenfalls das nötige Geld von seiner Familie erhalten. Ich überließ ihm nun 3 Quittungen im Betrage von 1300 Franken, welche er mir wieder zurückgeben sollte, die er aber behalten hat.

Ich muß an dieser Stelle einschalten, daß alles, was der Mensch mir gesagt hat, ein einziges großes Lügengewebe war. Bei der Besprechung des „Triomphe des Coquins" werde ich noch darauf zurückkommen.

Na, endlich am 9. Mai ging er denn wirklich nach Paris und telegraphierte mir am 10., er wäre im Hotel Richer abgestiegen.

Es war ausgemacht, daß er mir alle Tage mitteilen sollte, welche Schritte er für die Herausgabe meiner Arbeiten gethan habe, aber diese Mitteilungen blieben aus.

Endlich erhielt ich nun Briefe, die mir aber bewiesen, daß er, anstatt die Werke in Druck zu geben, die betreffenden Persönlichkeiten aufsuche, um sie auszubeuten. Ob ihm das gelungen ist? Ich weiß es nicht.

Durch eingeschriebene Briefe vom 14., 21. und 22. Mai erhob ich nun Protest gegen diese Handlungsweise.

Ich wollte die Sache der Staatsanwaltschaft übergeben, aber wozu hätte das genutzt? Von dem Wurm Barthou als Minister des Innern, und Darlan, dem Beschützer der Diebe, als Justizminister, haben Leute wie Lagouthe nichts zu fürchten.

Nachdem ich schließlich über zwei Monate gewartet hatte, wurde ich der Sache überdrüssig, denn ich merkte, daß der Mensch nur ein Ziel verfolgte, die Erpressung grade der Persönlichkeiten, die ich an den Pranger stellen wollte. Ich forderte deshalb mein Manuskript zurück, und jetzt mißbrauchte der Kerl das blinde Vertrauen, das ich ihm bei Ausstellung der vorgeblichen Quittungen gezeigt hatte, und schrieb mir, das Manuskript bekäme ich natürlich bloß gegen die Rückzahlung der gemachten Vorschüsse.

Aus diesem Grunde erscheint „Ein infames Urteil" erst heute.

Der Fall Dreyfus.

Ich weiß sehr gut, daß ich mich durch die Verteidigung des Gefangenen von Ile du Diable (Teufelsinsel) selbst schädige, und daß ich dadurch meine Lage nur noch verschlimmere. Der Advokat Nikolaus Hornbostel hat mir das am 23. Februar geschrieben und ich werde im weiteren Verlauf seinen Brief vorführen.

Aber es liegt in meiner Art zu sagen, was ich denke, auch wenn man mir das Messer an die Kehle setzt, und wie ich es schon in der „Alliance Nationale" gesagt habe, als Le petit sucrier mir Geld bot, um meine Fehde gegen ihn einzustellen, so behaupte ich auch jetzt: Meine Feder ist nicht käuflich, obgleich diejenigen meiner Herren Kollegen, welche auf mich Steine geworfen haben, nicht alle das Gleiche von sich behaupten können. Nachstehend der Brief des Pariser Advokaten, den ich am 23. Februar 1897 erhielt.

10, Avenue de l'Alma.

Lieber Herr Strauß!

Ich habe dem Baron von Villas (G. Velz) mitgeteilt, daß Sie die „Alliance Nationale" zu haben wünschen.

Er soll sich mit Ihnen in Verbindung setzen — er wird Ihnen die Zeitungen schaffen. Seine Adresse ist 14, Rue de Meudon, Billancourt, wo er ein Hospital für .... Hunde leitet. Er gedenkt der Zeiten, da Sie ihm zum Geldverdienen verhalfen, und es thut ihm leid genug, nicht mehr bei Ihnen beschäftigt zu sein. Mein rätselhaftes Betragen hat seinen Grund einzig und allein in meiner Schreibfaulheit. Seien Sie mir deshalb nicht böse, abgesehen von dringenden Fällen. Sie sprechen mir von Dreyfus.

Dreyfus ist zweifellos schuldig — kein Mensch bezweifelt diese Thatsache. Sie sind der einzige, der das thut, weil Sie außer stande waren, die Debatten zu verfolgen.

Wenn etwas von dem Verräter auf seine Rasse zurückfällt, so ist es nicht deshalb, weil er Israelit ist — der Sergeant Chatelain war es nicht —, sondern einzig deshalb, weil einige von den Seinen ihn durchaus als unschuldig ausgeben möchten, was doch unmöglich ist.

Die Presse hat keinen wesentlichen Einfluß auf seine Sache ausgeübt. Wollte man an diesen Einfluß glauben, so könnte man Mittel ausfindig machen, ihn geltend zu machen. Lafond n'est pas là pour les prunes (nicht zu übersetzen, etwa: Lafond ist nicht umsonst da). Wenn Sie ihn verteidigen, so können Sie sich dadurch nur bloßstellen und verhindern auf diese Weise die moralische Ehrenrettung, die doch früher oder später eintreten muß, ebenso wie bei Cauvin.

Ihre schlimmsten Feinde befinden sich nicht unter Ihren Gegnern, sondern unter Ihren früheren Freunden. „Gott schütze mich vor meinen Freunden, vor meinen Feinden schütze ich mich selbst."

Sehen Sie sich doch einmal die Leute an, welche Sie bisher verfolgt haben — Winter, Cremieur, der Baron Hestler — Baron ist heutzutage jeder — und Widerschall.

Und weiter, sehen Sie sich die Leute an, denen Sie Gutes erwiesen haben, denen Sie Brot schafften.

So ist der Mensch. Wohlthaten verzeiht man nicht. Ich spreche Ihnen ganz offen meine Meinung aus. Sie haben einige Anschauungen, die Sie unter Ihren Glaubensgenossen zum Propheten stempelten. Man hielt Sie für einen David, der sein Volk wieder zu seiner einstigen Größe zurückführen wollte, aber der König Saul war da, und der wollte bekanntlich nicht dulden, daß man einem Anderen neben ihm Ehre erwies. Und so hat man Sie Ihren Feinden preisgegeben.

La „Libre Parole", Andrieux und die Antisemiten haben die Gelegenheit benutzt, Ihren Verfolgern zu helfen, sich an Ihnen zu rächen.

Ich drücke Ihnen die Hand und zeichne als

Ihr ergebener

N. Hornbostel.

Es ist möglich, daß in Frankreich die Masse an die Strafbarkeit des unglücklichen Kapitäns glaubt, aber Herr Hornbostel soll einmal eine Reise machen durch Belgien, Holland, die Schweiz, Elsaß-Lothringen, das übrige Deutschland, und ferner unsere guten Freunde, die Russen, aufsuchen! Dann wird er finden, daß die öffentliche Meinung Dreyfus günstig ist und daß das französische Gericht durch diesen Fall bedeutend an Glanz eingebüßt hat.

Die Presse sollte nicht viel Einfluß auf den Fall des Kapitäns gehabt haben?

Glauben Sie das doch ja nicht. Die Presse ist eine Macht in Frankreich und die Kriminalrichter glauben, daß diese Presse das Echo der öffentlichen Meinung ist, während sich das Publikum ebenfalls von der Presse beeinflussen läßt.

Der Kapitän Dreyfus ist allerdings nicht interessant. Er, der Jude, war ein größerer Antisemit als der nichtsnutzige Drumont, und doch hat grade die antisemitische Presse am meisten zu der Verurteilung des Kapitäns beigetragen, und später hat dieselbe Presse unaufhörlich verlangt, daß man aus Rücksicht für ihn Ausnahmemaßregeln treffen solle.

Ich glaube, daß der Korrespondent der „Frankfurter Zeitung", Herr Goldmann, übertreibt, wenn er von der schlechten Behandlung spricht, die dem Kapitän auf Ile de Diable zuteil geworden ist; und dennoch ist das alles möglich, denn das französische Volk, welches stolz ist auf seinen Großmut und vorgibt, an der Spitze der Zivilisation zu schreiten, hält es doch demungeachtet mit den Russen, dem barbarischsten Volke der Welt.

Will die Presse sich einen Feind vom Halse schaffen, so ist sie imstande, ihn dem Schaffot zu überliefern.

Während der Kommune gab man seine Feinde an, und Tausende wurden unschuldigerweise erschossen.

Herr Hornbostel hat mir geschrieben, er habe im Ministerium die Ueberzeugung gewonnen, daß man mich, wenn das möglich gewesen wäre, in das tiefste Verließ geworfen oder wie die Eiserne Maske behandelt hätte.

Ich wiederhole es, der Franzose ist manchmal grausam und ich finde es einfach lächerlich, daß wir großartige Expeditionen machen und nach Afrika gehen, um die Schwarzen zu zivilisieren. Es wäre wahrhaftig ebenso berechtigt, daß die zu uns kämen, um uns besser zu machen. Bei ihnen gibt es doch keine Vorkommnisse wie der Fall Dreyfus und Panama und sie haben auch keine so schändliche Polizei, wie die von Paris.

Und welche Mittel wenden die Franzosen an, um Afrika zu zivilisieren? Drei: Das Pulver, den Alkohol und den Tod. Und dieses Land behauptet, an der Spitze der Zivilisation zu schreiten!

Aber kommen wir jetzt zu dem Fall Dreyfus, um so mehr, als alle die übrigen Fragen gründlich in meinem Buch der „Triomphe des Coquins" erörtert werden sollen.

Dreyfus ist unschuldig; er ist kein Verräter, das wiederhole ich. Niemand im Ausland hegt andere Meinung. Dreyfus ist reich; er hat nach dem Tode seines Vaters nicht einmal sein väterliches Erbe angetreten. Das Kapital ist im Betrieb der Fabrik von Mülhausen verblieben, welche sein Bruder Leon daselbst leitet. Dreyfus unterhält keine Maitressen, er spielt nicht, er verschwendet kein Geld. Er war ein intelligenter Mann, einer der vornehmsten Offiziere des Stabes. Er hat eine vermögende, reizende Frau, die er liebt; er hat Kinder, die er vergöttert. Wozu sollte er denn das Verbrechen, dessen man ihn bezichtigt, begangen haben? Ich würde es verstehen, wenn ein ganz verschuldeter Offizier, den die Gläubiger hetzen, im Augenblick der Verzweiflung den Kopf verliert und sich hinreißen läßt, eine so verächtliche Handlung zu begehen. Ich habe schon erwähnt, daß Dreyfus Antisemit war. Er war überdies hochmütig, ehrgeizig, suchte seine Kameraden auszustechen. Daher dieser bittere Haß aller derjenigen, welche seine Feinde waren.

Morès, der famose Kapitän Fracasse, der ehemalige Schweineschlächter von Chicago, der da behauptete, man müsse alle Juden aus dem Heere ausscheiden, hat diese Abneigung gegen Dreyfus benutzt. Er hat einen Offizier ausfindig gemacht, der schändlich genug war, um die Handschrift des unglücklichen Kapitäns zu fälschen, um ihn ins Verderben zu stürzen und er hat das zuwege gebracht.

Ja, Herr Hornbostel hatte wohl sehr Recht, als er sagte, ich sei außerstande gewesen, den Debatten zu folgen. Andernfalls würde die Wahrheit ans Licht gekommen sein und ich hätte diese Infamie hintertreiben können, wie ich das schon bei mancher anderen Gelegenheit gethan habe.

Ueber die Schreib-Sachverständigen in Frankreich ist schon lange das Urteil gefällt und der Fall Dreyfus hat dieses Urteil bestätigt.

Uebrigens besitzt New-York den größten Sachverständigen der ganzen Welt, Herrn Carvalho, und dieser hat erklärt, daß die vorgelegten Schriftstücke gefälscht seien. In der „Tribune de Genève" sind die nachstehenden zwei Artikel erschienen:

Nummer des 16. April 1897.

Schweizer Bund.

Ein grober juristischer Irrtum oder Rehabilition eines Unschuldigen.

Die Metzeleien in Armenien, die Angelegenheiten von Kreta und Griechenland haben in der letzten Zeit die Gemüter beschäftigt und thun es noch.

Nichtsdestoweniger sei mir gestattet, die Aufmerksamkeit meiner Leser auf einen Fall zu lenken, der uns Schweizer allerdings nicht direkt angeht, der aber doch von großer Tragweite ist. Ich verstehe darunter die Verurteilung des Kapitäns Dreyfus, eine Verurteilung, welche der Pariser Korrespondent des New York Herald selbst einen der schrecklichsten juristischen Irrtümer der Neuzeit nannte. Und er hatte wahrlich Recht, dieser Korrespondent!

Es ist jetzt zwei Jahre her, als man den Kapitän Dreyfus des Verrates beschuldigte, infolge einer Untersuchung, die seine Schuld außer jedem Zweifel darthat und der Mann wurde verurteilt, seiner Ehren entkleidet und nach Cayenne verbannt.

Trotzdem gab es immer noch eine Anzahl Leute, die von seiner Unschuld überzeugt waren und zu seinen Gunsten arbeiten.

Vor einigen Monaten erschien eine Flugschrift unter dem Titel: **Ein juristischer Irrtum, oder die Wahrheit über den Fall Dreyfus** von Bernard Lazare. Ich kann diese Schrift allen denjenigen empfehlen, welche über diese traurige Angelegenheit aufgeklärt sein möchten. Es ist unmöglich, dieses Werkchen zu lesen, ohne sich zu sagen, daß sich einem eine durchaus neue Anschauung über den Prozeß Dreyfus aufdrängt.

Es ist ein Verräter da — darüber bleibt kein Zweifel, denn es besteht ein Schriftstück, ein sogenanntes Bordereau, welches die Schuld klar nachweist. Die ganze Frage liegt nun darin, ob Dreyfus der Verfasser dieses verbrecherischen Bordereau ist. Der Anklageartikel bejaht die Frage. Die Flugschrift Bernard Lazares scheint klarer Hand das Gegenteil zu beweisen. Wo liegt die Wahrheit? Schließlich kommt es bei der letzten Untersuchung darauf an, den Nachweis für die Echtheit der Handschrift in besagtem Schriftstück zu liefern. Zwei von den fünf Sachverständigen — nicht Schriftkundigen, wenn ich recht gelesen habe, mußten die Frage verneinen; drei haben sie bejaht.

Darauf hin wurde der Kapitän verurteilt.

Das eben genannte Werkchen gibt sehr interessante und erstaunende Einzelheiten, die, so viel ich weiß, keiner Prüfung unterzogen worden sind.

Freunde des Kapitäns, welche erfahren hatten, daß ich mich mit Schriftenkunde (Graphologie) abgebe, haben sich schließlich an mich gewandt, um mich in der fraglichen Angelegenheit um Auskunft zu bitten. Sie schickten mir zu dem Zweck einen Abdruck des berüchtigten Bordereau und eine Menge von authentischen Schriftproben von Dreyfus.

Ich muß gestehen, daß ich mich bisher mit dem Fall Dreyfus nicht speziell befaßt hatte und wie der große Haufe an seine Schuld glaubte. Ich erwartete also in diesen Schriftstücken die niederschmetternden Beweise seiner Schuld zu finden.

Nun war aber meine Ueberraschung, oder vielmehr mein überwältigendes Erstaunen gewaltig, als ich bei gewissenhafter, peinlicher Prüfung nach und nach zu der Ueberzeugung kam, daß Dreyfus unschuldig sei. Bald war meine Ueberzeugung über allem Zweifel erhaben. Der Kapitän Dreyfus ist ebensowenig ein Verräter, wie Du oder ich. Schon der moralische Charakter, der sich in seinen Schriftzügen kund thut, ist ein Beweis für sich.

Ich teilte den Freunden von Dreyfus mit, zu welchem Resultat ich gelangt war. Sie baten mich dann, einen Spezialbericht zu verfassen, den man nötigenfalls der Oeffentlichkeit übergeben könnte. Ich willigte ein, ganz glücklich bei dem Gedanken, zu der Aufklärung in dieser geheimnisvollen Angelegenheit einigermaßen beitragen zu können.

Beim Schluß meines Berichtes fügte ich noch die Bemerkung hinzu, daß man Dank gewisser Schriftzeichen, ohne einen Irrtum zu befürchten, dem wahren Thäter auf die Spur kommen könnte. Ich befürchte auch gar nicht, vorschnell geurteilt zu haben, denn in letzter Zeit hat man infolge der Graphologie oft Unschuldige befreit und Schuldige entdeckt. Dazu gibt es im vorliegenden Fall gewisse Eigentümlichkeiten, welche die Aufgabe ungewöhnlich erleichtern.

Es heißt: Einigkeit macht stark. Es ist also wünschenswert, daß die Graphologen verschiedener Länder ihre Ansicht aussprechen. Ich zweifle nicht daran, daß sie mit mir zu demselben Resultat kommen. Wenn es sich um Ehre und Glück einzelner Personen oder ganzer Familien handelt, kann man gar nicht vorsichtig genug zu Werke gehen.

Ich wiederhole hier, daß meiner Ansicht nach die Unschuld des Kapitäns Dreyfus klar am Tage liegt.

Aber wer macht sich eine Vorstellung von den Todesängsten dieses unglückseligen Menschen, der da unaufhörlich seine Unschuld beteuert und nichtsdestoweniger gefangen, verurteilt, schmählich degradiert und nach Cayenne geschickt wird.

Die Leser der „Tribune", die meine Abhandlungen über die Agrarfragen gelesen haben, können mir nicht grade den Vorwurf machen, als sei ich besonders für die jüdische Rasse eingenommen. Wenn ich mich also heute in so energischer Weise äußere, so geschieht das wahrlich nicht oberflächlich.

Alle rechtlich denkenden Leute müssen den Wunsch hegen, daß sich in Frankreich die öffentliche Meinung laut geltend macht, wenn es sich um die Gerechtigkeit handelt und wenn es auch noch so schwierig ist, einen Ausspruch militärischer Justiz, wie im vorliegenden Fall, einer zweiten Prüfung zu unterwerfen.

Einige Anzeichen scheinen jedoch darauf hinzuweisen, daß diese Bewegung angefangen hat, und daß selbst hochgestellte Persönlichkeiten zugunsten des unglücklichen Kapitäns Dreyfus und zu seiner Ehrenrettung einschreiten wollen.

A. de Rougemont.

Nummer vom 25. April 1897.

Schweizer Eidgenossenschaft.

Genf, 25. April 1897.

Noch ein Wort zu dem Fall Dreyfus.

Vor 8 Tagen suchte ich das öffentliche Interesse auf das Schicksal dieses unglücklichen Soldaten zu lenken. Mehrere Briefe aus Frankreich und der Schweiz beweisen, daß meine Bemühungen in der Sache nicht vergeblich gewesen sind.

Aber unterdessen hatten wir einen Beweis von der unzureichenden Gewalt der sechs Großmächte — der griechisch-türkische Krieg ist ausgebrochen und bewegt alle Gemüter. Wenn das Schicksal ganzer Nationen auf dem Spiel ist, so leidet das persönliche Interesse darunter, das man einem Unglücklichen widmet, selbst wenn er ganz ungerecht verurteilt wird. Die augenblicklichen Verhältnisse sind für ihn äußerst ungünstig.

Trotzdem glaube ich eine gute Anzahl unserer Leser zu interessieren, wenn ich Ihnen einige Stellen aus einem Briefe mitteile, den mir ein Freund des Kapitäns infolge meines jüngst erschienenen Artikels mitteilte. Sie lauten folgendermaßen:

„Möchte Ihr Beispiel die rechtlich empfindenden Leute, die Ihre Meinung teilen, aber bisher nicht den Mut hatten einzuschreiten, dazu veranlassen, sich der Sache meines unglücklichen Freundes anzunehmen, welcher Dank der wieder ausgegrabenen Inquisition das Opfer einer schändlichen und ungerechten Verurteilung wurde.

Sie sprechen von seinen Qualen. Welche lange und furchtbare Pein muß für ihn diese Degradations-Ceremonie gewesen sein, welche er zu erleiden hatte an eben der Stätte, wo er 10 Jahre glücklich und geachtet gewirkt, er machte nämlich fast seinen ganzen Dienst in der Militärschule und in der Kriegsschule zu Paris.

Was mußte der Mann empfinden, als man ihm die Ehrenzeichen abriß, den Säbel zerbrach und seine militärische Ehre verunglimpfte, das Teuerste, das er auf der Welt besaß, und ihn dann in seiner Schmach von einer Truppe umgeben vor seine Kameraden führte, den neugierigen feindlichen Blicken der Menge preisgegeben. Was der Mann auf diesem Kalvarienwege empfunden hat, das weiß nur Gott und er selber.

Und so lange diese Pein dauerte, hatte er die Kraft zu rufen: „Ich bin unschuldig!" Und seine letzte feierliche Beteuerung war der Ruf: „Es lebe Frankreich!" Wenn er sich nach seiner Verurteilung keine Kugel durch den Kopf jagte, so verdankt er dies seinem Advokaten (Herrn Demange), seiner Gattin und dem Kommandanten von Cherche-Midi. Aber Sie begreifen, daß es viele Kämpfe kostete, ihn von dieser That zurück zu halten. Wir mußten ihm sagen, daß durch seinen Tod unser Eifer erkalten würde, und daß er am Leben bleiben müsse, um den Kampf für seine Ehre, für die Ehre seiner Kinder fortzuführen. Als letztes Mittel führten wir ihm vor, daß im Selbstmord ein Geständnis seiner Schuld liegen würde. Jedermann würde sagen: Der Verräter hat selbst an sich die Gerechtigkeit vollzogen. Da faßte er den Entschluß, alles über sich ergehen zu lassen. Aber reden wir nicht mehr davon, diese grausige Vergangenheit läßt mich im tiefsten Innern erbeben."

Es lag mir daran, diese von edler Entrüstung redenden Zeilen meinen Lesern nicht vorzuenthalten. Kann man sich vorstellen, daß ein Feigling, ein Verräter sich so verstellen könnte, um solche Gefühle in seinen Freunden zu erwecken und ihnen diese starke Ueberzeugung von seiner Unschuld zu geben? Und finden wir in dieser Ueberzeugung nicht das Urteil der Graphologie bestätigt, die da laut verkündigt, daß niemals die Hand eines Verräters, welche das strafbare Bordereau aufsetzte, die des Kapitäns Dreyfus war.

Und wenn man mir heute sagt: Wie war es denn möglich, daß ein Kriegsgericht den Unschuldigen zu einer so entehrenden Strafe verurteilte, so antworte ich: Leset die Broschüre von Bernard Lazare und ihr habt den Schlüssel zu dem Rätsel. Dann werdet ihr erkennen, wie so ein armseliges großes D, das man als gleichbedeutend mit Dreyfus ansieht, der Haupturheber des ganzen Unglücks ist.

23. April 1897.

A. de Rougemont.

P. S. In Erwiderung vieler an mich gerichteten Fragen möchte ich hier noch bemerken, daß das belastende Bordereau keinerlei Unterschrift trägt.

Glücklicherweise bleibt nichts ungestraft. Morès, der die ganze Geschichte angezettelt hat, ist auf fremder Erde ermordet worden; sein Leichnam wurde von wilden Tieren gefressen und man konnte nur noch halb verweste Reste nach Frankreich transportieren. Der Fälscher, der als Werkzeug diente, wird früh oder spät die gerechte Strafe finden. Wie ich schon die Genugthuung gehabt habe, zu sehen, daß der kleine Max verarmt im Lazaret starb, daß Heftler zu zwei Jahren Gefängnis verurteilt wurde, so werde ich hoffentlich auch noch erleben, daß David Winter, der in Köln geboren ist, eines Tages nach Neu-Caledonien reist.

Als die „Agence Havas" veröffentlichte, daß Dreyfus einer fremden Regierung Schriftstücke geliefert hätte, begab sich Graf Münster, der deutsche Gesandte, zum Präsidenten der Republik, Herrn Casimir Périer, um ihm mitzuteilen, daß diese fremde Regierung keinesfalls

Deutschland sei. Zu gleicher Zeit veröffentlichte die „Norddeutsche Allgemeine Zeitung" eine von der deutschen Regierung herrührende amtliche Mitteilung, um der Pariser Presse gegenüber diese falschen Beschuldigungen zu widerlegen. Die Polizei, die niedrige Pariser Polizei, hatte einen falschen Bericht über das Privatleben des Kapitäns gegeben. Das wundert mich gar nicht, denn dieselbe Polizei hatte zu meinen Akten einen Bericht geliefert, der unter anderem behauptete, ich unterhielte fortgesetzte Verbindungen mit dem Grafen Münster, ich verkehrte bei der deutschen Botschaft, ich organisierte in der Wirtschaft Georges Versammlungen von Deutschen und ich empfinge postlagernd Briefe aus Deutschland. Den Grafen Münster habe ich niemals mit Augen gesehen; ich bin mit keinem Fuß in der deutschen Botschaft gewesen, wo ich Niemand kenne. Die Wirtschaft Georges besuchte ich ebensowenig wie andere derartige Wirtschaften. Alle meine Briefe empfing ich zu Hause und mit Deutschland stand ich gar nicht in Briefwechsel. Wie soll man sich nun auf die französische Justiz oder die französischen Behörden verlassen!

Ehe ich nun zu besagtem Fall Dreyfus übergehe, muß ich noch einige Bemerkungen machen. Ich wiederhole es, der Kapitän ist kein Verräter, er ist das Opfer einer schmählichen Intrigue, die man gegen ihn angezettelt hat. Aber nehmen wir einmal an, der Mann hätte wirklich sein Vaterland verraten, warum sollte man das Judentum im Allgemeinen dafür verantwortlich machen? Warum sollte man deswegen alle Juden, die im Heere stehen, schlecht behandeln, d. h. noch schlechter, als es schon vor dieser unglückseligen Angelegenheit geschah?

Dies beweist augenscheinlich, daß Frankreich im Niedergang begriffen ist, daß das Volk entnervt ist, daß dieses Land allmählich auf gleiche Stufe fällt wie Spanien. Das gibt uns ja auch wohl die Erklärung dafür, daß Frankreich, das Land, welches darauf pocht, an der Spitze der Zivilisation einherzuschreiten, die Stierkämpfe bei sich eingeführt hat.

Ich wiederhole es, warum soll man alle Juden verantwortlich machen für die Fehler, die ein Einzelner unter ihnen begangen hat? Warum spricht man von dem Kapitän als dem „Juden Dreyfus"? Als der Sergeant Châtelain verurteilt wurde, fiel es keinem Menschen ein, ihn etwa „den katholischen Verräter Châtelain" zu nennen, oder etwa alle Katholiken für sein Vergehen verantwortlich zu machen. Ebensowenig wälzte man die Verantwortlichkeit auf die Schultern aller Katholiken, als Tropmann, oder der Jesuitenzögling Gamahut, Ravachol ꝛc., sich solcher Vergehen und Verbrechen schuldig machten, die den Semiten ganz unbekannt sind.

Ich habe stets geschrieben, was ich dachte und ich werde es auch fernerhin thun. Niemand wird mir Schweigen auferlegen.

Also erkläre ich hiermit laut und deutlich, daß wir es überhaupt den Juden und den Protestanten zu danken haben, wenn Frankreich heutzutage noch zu den Großmächten zählt. Diese Leute halten doch noch einigermaßen Handel und Industrie aufrecht. Ohne sie wäre Frankreich in den Händen der Jesuiten und stände tiefer da, als Spanien.

Vor etwa 20 Jahren habe ich im „Moniteur des Consulats" den Franzosen harte Wahrheiten gesagt. Ich gab ihnen den Rat, diese Wahrheiten zu befolgen und sagte voraus, daß im entgegengesetzten Fall Frankreich im Handel und in der Industrie von Deutschland überholt werden würde. Das „Journal commercial" von Antwerpen sagte damals in einem großen Artikel: „Herr Strauß ist maßgebend und wir unterschreiben seine Artikel, nach denen die belgische Regierung sich richten kann. Denn wenn die Franzosen die Ratschläge des Herrn Strauß befolgen, so ist es um den Hafen von Antwerpen geschehen." Mein Rat wurde nicht befolgt. Man behandelte mich als Vaterlandsfeind, als ein käufliches Subjekt und doch muß man heute zugeben, daß ich Recht hatte, und während Frankreich immer auf dem gleichen Standpunkt verharrt, schreiten die kleinsten Staaten weiter fort.

Besäße Frankreich nicht die intelligente thätige Rasse der Juden, so wäre es nichts als ein ödes Land, in dem nichts blühte als die Verderbtheit. Ein Mann, der eine zweideutige Rolle in dem Fall Dreyfus gespielt hat, ist der Kommandant Sandherr. Er ist kürzlich verstorben und war einer der erbittertsten Antisemiten. Es scheint, als ob ihn in der letzten Stunde, als er seine schwarze Seele dem Satan überlieferte, die Reue gepackt hätte, und er soll erklärt haben, Dreyfus sei unschuldig und das Opfer einer ganz abscheulichen Intrigue.

Die Seele des ganzen ungeheuerlichen Planes war Morès. Das Schriftstück, über das sich die Schriftkenner nicht einigen konnten, ist das Werk eines Betrügers. Der Brief, den dieser einfältige Mercier, der als Kriegsminister fungierte, im letzten Augenblick vorbrachte und der die Verurteilung bewirkte, ist das Werk eines Fälschers und das ist wahr, daß der Kriegsminister den Ratsmitgliedern ohne Wissen des Herrn Demange und ohne Wissen des Kapitäns den Brief in dem Augenblick vorzeigte, als der Kapitän freigesprochen werden sollte. Der Letztere wußte nichts davon. Hätte man ihm das Schriftstück vorgezeigt, so wäre er vielleicht imstande gewesen, seinen Richtern begreiflich zu machen, daß der Brief das Werk eines Betrügers sei. Herr Demange, der bezweifelte, daß dieses Schriftstück von dem General Mercier dem Rat vorgezeigt worden war, der an einen solchen Hohn auf alle Gerechtigkeit nicht glauben wollte, hat selbst erklärt, es wäre ein durchaus ungesetzlicher Eingriff in die Rechte der Verteidigung und hat sich gewundert, daß dieser nicht zu bezeichnende Akt, den Bernard Lazare in seiner Flugschrift ans Licht gezogen hat, keinen Sturm der Entrüstung in der öffentlichen Meinung erregte und fügte hinzu, dann wäre es ja besser, die Verteidigung in Kriminalfällen ganz abzuschaffen.

Herr Hornbostel sagt in seinem Brief vom 23. Februar, daß in Paris Niemand an der Schuld des Kapitäns zweifelt.

Und derjenige, der den Fall am besten beurteilen kann, der sich damit befaßt hat, Herr Demange, hegt die Ueberzeugung, daß der Kapitän keineswegs schuldig ist; er hält ihn für unschuldig, für einen Märtyrer.

Ich behaupte durchaus nicht, daß der General Mercier als Schurke gehandelt hat, aber er hat sich furchtbar dumm benommen; er hat sich überrumpeln lassen.

Ich erinnere mich, während meiner Haft einen Artikel gelesen zu haben. Ich weiß nicht mehr, ob er aus dem „Intransigeant" oder aus Drumonts Wischlappen war, aber wenn mich mein Gedächtnis nicht täuscht, so war es in dem letztgenannten Blatt, und von seinem Liebling Boisandré unterzeichnet. Dieser Artikel sagte aus, daß Dreyfus schuldig sei, denn andernfalls müsse man ja annehmen, daß der Kriegs= rat aus Schurken zusammengesetzt sei.

Mein Gott! Es wäre doch nicht so schwierig, eine Anzahl Schurken unter den Offizieren der französischen Armee zu finden. Das werde ich sofort beweisen.

Um die Zeit, als in Chicago die Weltausstellung stattfand, befand ich mich in dem Kabinet des Herrn Favette, im Handelsministerium, mit dem Major B.... aus Washington, der nach Europa geschickt war, um die Haupt=Industriebezirke zu besuchen, welche in Chicago auszustellen beabsichtigten.

Der Major sprach nur englisch; ich erklärte mich bereit, ihn zu begleiten, um ihn den Vorsitzenden der Handelskammern und den be= deutendsten Fabrikanten vorzustellen. Als wir in Havre angekommen waren, wurden wir vom Konsul der Vereinigten Staaten M. Williams aufgefordert, einen Ausflug nach Caën zu machen, um dort die Gestüte zu besuchen. Wir nahmen die liebenswürdige Einladung an und be= suchten die bedeutendsten Pferdezüchter. Dort erfuhr ich, daß die Offi= ziere, welche Hengste kauften, eine Provision, je nachdem von 20 bis 25 %, verlangten und der Züchter war genötigt, für diese nette Zugabe die Quittungen um besagten Satz zu erhöhen.

Nun, sind solche Offiziere etwa keine Schurken?

Bedauernswertes Frankreich! In welche Hände bist du gefallen, seit man dich zur Republik gemacht hat!

Aber ich bin überzeugt, ich gebe zu, daß der Kriegsrat, der den Kapitän Dreyfus verurteilte, aus ehrenhaften Offizieren zusammen= gesetzt war. Es wird mir aber Niemand bestreiten können, daß ein Kriegsrat ebensowenig unfehlbar ist, wie ein anderer Gerichtshof und daß er folglich ebensogut einen Irrtum begehen, sich von Zeitungsartikeln, von Intriguanten und hochgestellten Schurken beeinflussen lassen kann, die einen Mann um jeden Preis stürzen wollen, um die Juden aus dem Offizierkorps der Armee zu verdrängen.

Ehe ich den Fall Dreyfus weiter bespreche, sehe ich mich genötigt, einen Blick auf die Stellung der Juden in einigen Ländern Europas zu werfen.

Am 7. Oktober 1893 hatte ich die Ehre, Seiner Majestät dem Kaiser Alexander III. von Rußland die nachstehende Bittschrift zugunsten der Juden zu überreichen. Sie ist in der „Alliance Nationale" abgedruckt und lautet folgendermaßen:

Sire!

Wenn ich mir unterthänigst gestatte, die vorliegende Bittschrift Ew. Majestät zu überreichen, so geschieht das, weil ich Ew. Majestät nicht ganz fremd bin.

Bei Gelegenheit der Krönung Ew. Majestät habe ich den Einweihungsmarsch komponiert und Ew. Majestät geruhten damals, die Widmung anzunehmen. Der Graf Woronzow-Daschkow, Hausminister, hatte die Güte, mir im Namen Ew. Majestät zu danken und der General Graf Richter beliebte mir mitzuteilen, daß mein Marsch mit großem Erfolg bei der Einweihung in Moskau gespielt worden sei.

Heute hegt der Jude, welcher den Triumphmarsch zu der Krönungsfeier des Kaisers von Rußland komponiert hat, nur den einzigen Wunsch, daß die Bittschrift, welche er jetzt Ew. Majestät vorlegt, denselben Erfolg habe, wie seine Musik im Jahre 1883.

Am Vorabend der wichtigen Kundgebung, welche für Frankreich und Rußland ein Pfand des Friedens und des dauernden Wohlstandes sein wird, bei Gelegenheit der Feierlichkeiten beim Empfang des russischen Geschwaders in Frankreich, jener glänzenden Beweise für die Sympathien, mit denen Ew. Majestät unser Land beehrt, wage ich es, meine Stimme zu erheben zur Verteidigung meiner Glaubensgenossen, der unglücklichen Unterthanen Ew. Majestät.

Ich bin überzeugt, daß die Juden in Rußland hinsichtlich ihrer Bildung und Erziehung nicht mit den französischen Juden verglichen werden können; daß sie zum Teil vielmehr eine besondere Kaste bilden und untergeordnete Geschäfte betreiben; ich sehe täglich in Paris einige dieser Ausgestoßenen, welche in unsere Civilisation nicht hineinzupassen scheinen.

Nichtsdestoweniger halte ich an der Ansicht fest, daß meine russischen Glaubensgenossen der gütigen Teilnahme Ew. Majestät in jeder Hinsicht würdig sind, und daß ein Gesetz, welches die Juden den übrigen Bewohnern von Rußland gleichstellen würde, von demselben befriedigenden Erfolg gekrönt würde, wie dem in Frankreich seit dem Erlaß im Jahre 1789.

Möge der Allmächtige Ew. Majestät erleuchten und Ew. Majestät die Einsicht verleihen, daß die Emanzipation der Juden zu der Größe und dem Ruhm von Rußland beitragen würden.

Möge es Ew. Majestät belieben, einen aufmerksamen Blick auf diejenigen Länder zu werfen, wo die Anhänger des Judentums mit den Christen derselben Rechte und Pflichten teilhaftig sind. Ew. Majestät werden dann bemerken, daß Frankreich, England, die Vereinigten Staaten von Nordamerika, Belgien und Holland den wunderbaren Aufschwung im Handelsleben nur den vereinten Bestrebungen der Juden verdanken, welche mit außerordentlichem Fleiß und großem Eifer zu dem nationalen Wohlstand beitragen.

Es gibt keine besseren Patrioten, als die Juden, und besonders in Frankreich, wo sie seit mehr als hundert Jahren dieselben Freiheiten und dieselben Rechte genießen, wie ihre Mitbürger, haben unsere Glaubensgenossen, in denen noch das edle Blut der Makkabäer fließt, ihrem Vaterland gerne Gut und Blut geopfert, sobald der Fuß des Fremdlings den heiligen Boden des Landes bedrohte.

Ich spreche es Ew. Majestät gegenüber offen aus, es verträgt sich nicht mit der Würde der französischen Juden, die Ankunft des russischen Geschwaders in Frankreich mit Begeisterung zu feiern, während tausende von unsern Brüdern in Rußland hingemordet, oder aus dem Lande verstoßen werden. Wenn mein französisches Herz sich von Freude durchdrungen fühlt bei den Vorzeichen, die meinem Vaterland das glückbringende Bündnis mit Rußland verheißen, so bin ich andererseits tief bekümmert bei dem Gedanken an die unglücklichen Unschuldigen, die man ihres Glaubens wegen verfolgt, und — Ew. Majestät wird das zu würdigen wissen — ich begreife nicht, wie Juden so weit ihr Rechtsgefühl verleugnen konnten, daß sie sich zu wichtigen Aemtern bei den französisch-russischen Festlichkeiten herbeiließen.

Ich habe die Ueberzeugung, daß, wenn die Katholiken ähnlichen Verfolgungen ausgesetzt wären, die Bischöfe und Erzbischöfe keine solch ausschweifende Freude an den Tag legen würden, wenn es sich darum handelte, die Verfolger ihrer Brüder zu begrüßen.

Der Jude, dessen scharfen Verstand Ew. Majestät jedenfalls anerkennen, ist kein Ungeheuer, wie die Antisemiten behaupten, kein Mensch, der überall durch Wucher und betrügerischen Gewinn das Land aussaugen möchte. Im Gegenteil, überall, wo man ihm ein ruhiges und freies Dasein gönnt, hält er auf die Ehre, sich durch unermüdliche Anstrengungen für die wohlwollenden Gesetze des Landes, das ihn als Menschen und Bruder aufnimmt, erkenntlich zu zeigen.

Der Handel, in dem er sich noch heute hervorthut, ist nicht die einzige Laufbahn, in der er seine Fähigkeiten bethätigen kann; er ist auch fähig, ein Gelehrter ersten Ranges zu werden; er kann ein hervorragender Industrieller, ein scharfblickender und unbescholtener Beamter, ein geschickter Stratege, ein ehrlicher, fleißiger Arbeiter sein; kurz, er wird an gutem Willen und an Intelligenz nicht hinter den tüchtigen Leuten der anderen Bekenntnisse zurückstehen.

Dieser feierliche Augenblick, in welchem sich die bedeutungsvolle Vereinigung der beiden großen europäischen Völker vollzieht, ist günstig für den Akt der Gerechtigkeit, den ich Ew. Majestät zu vollziehen bitte, für die Unterschrift des Erlasses, der die russischen Juden ihren Mitbürgern gleichstellt.

Durch dieses Werk würde Ew. Majestät der Krone ein neues Juwel einfügen und die Geschichte würde den Namen Ew. Majestät sogar über den Peters des Großen setzen und ihn den unsterblichen Herrschern zugesellen, welche die Erde mit dem Glanze ihres Ruhmes erleuchtet und die Völker durch das Vorbild ihrer herrlichen Tugenden erbaut haben.

In der Hoffnung, für meine armen Glaubensgenossen Gerechtigkeit zu erwirken, bitte ich Ew. Majestät die Versicherung meiner tiefsten Ehrfurcht huldreichst zu genehmigen.

Henri Strauß.

Es ist augenscheinlich und nicht zu leugnen, daß Deutschland heute mit an der Spitze der europäischen Civilisation steht.

Durch ihre Ausdauer, durch ihren Fleiß nehmen die Deutschen jetzt die erste Stelle in Handel und Gewerbe ein.

Ueberall, bei ihren Verwaltungen, bei Eisenbahn- und Telegraphenwesen, bei der Post, überall herrscht eine mustergiltige Ordnung, die Frankreich nicht kennt.

Die Städte erweitern und verschönern sich; sie erregen Staunen und Bewunderung bei allen Fremden; die Bahnhöfe sind schön, geräumig und sauber, während sie in Frankreich widerwärtig sind.

Seine Majestät der Kaiser von Deutschland hat trotz seiner Jugend glänzende Beweise von Thatkraft und Intelligenz gegeben.

Das Offizier-Korps ist sicherlich das vornehmste von Europa. Es hat erst jetzt wieder einen Beweis dafür geliefert, indem es den „kranken Mann" kampffähig machte. Dieser Sterbende hat es Deutschland zu verdanken, daß seine Nachbarn mit ihm rechnen müssen. Das deutsche Heer ist das schönste der Welt, und trotz alledem sind die Deutschen in Einem Punkt um ein Jahrhundert zurück im Vergleich zu England, Frankreich, den Vereinigten Staaten von Nordamerika, Belgien und Holland.

Der Jude kann in Deutschland nicht Minister werden; er kann auch nicht Regierungs-Präsident oder Kreisdirektor werden; er wird nicht einmal Offizier im stehenden Heer.

Ist das zu glauben bei einem so aufgeklärten Lande, wie dem heutigen Deutschland?

Und doch wird das Land reich durch den Fleiß und die Rechtschaffenheit der deutschen Juden.

Man bringe doch nicht immer wieder die alte Leier, der Jude tauge nur zu Geldgeschäften. Das mag in Frankfurt zum Teil der

Fall sein, wo die Wiege Rothschilds gestanden hat, in der Stadt, welche nicht nur Berlin und Hamburg, sondern auch Paris und London seine Finanzmänner lieferte.

In allen andern deutschen Orten sind die Juden neben rechtschaffenen Kaufleuten bedeutende Fabrikanten, hervorragende Gelehrte, gute Arbeiter und überall tragen sie wesentlich durch Fleiß und Rechtschaffenheit dazu bei, Deutschland in Handel und Gewerbe zum ersten Land der Welt zu machen. In Berlin z. B. ist die Firma Gebrüder Simon ein Haus, das auf dem ganzen Erdball geschätzt wird und welches in der Baumwollindustrie den hervorragendsten Platz einnimmt.

Bis jetzt habe ich nur Elsaß gründlich erforscht:

In Mülhausen sind die Inhaber der bedeutenden Firmen: Wallach, Dreyfus (die Brüder des unglücklichen Kapitäns), les fils de Paul Picard, Bernheim=Dreyfus & Cie., J. & D. Meyer, C. Bernheim fils, J. Bernheim, Eugen Bernheim, Gentsburger, Leopold Bernheim, Lantz frères, Jul. Bloch, Ullmann=Mayer, Valentin Bloch, Lippmann=Bloch, Julius Schwab, Cahn=Lévy und vieler anderer Juden, und sie alle werden hochgeachtet wegen ihres Fleißes und ihrer Rechtlichkeit, durch welche sie zum Wohlergehen und zur Bereicherung des Landes beitragen. Sie sind keine Finanzmänner; sie sind alle hochbedeutende Fabrikanten oder Kaufleute.

In Colmar sind es die Gebr. Gensbourger, Marx Strauß, Bernheim & Cie., Bernard & Wolf, Henri Zivy, Gerson=Sée, Abraham Sée u. s. w.

In Markirch Georg Wormser, Simon & Cie., Zivy & Ries, J. Lantz, Louis Lang, Gimpel u. s. w.

Das genügt, denn wenn ich erst fortfahren wollte mit Straßburg, Hagenau, Saarburg, Metz u. s. w., so fände ich kein Ende.

Die Juden in Deutschland haben sich den Christen assimiliert; sie sind gebildet und gut erzogen; warum sollte man mit ihnen eine Ausnahme machen?

Der General Loizillon, der ehemalige Kriegsminister von Frankreich, hat mir nach der Angelegenheit von St. Mihiel erklärt, daß er die Juden zu seinen besten Offizieren zählte; ich bin überzeugt, das würde in Deutschland auch der Fall sein.

Der deutsche Jude ist ebenso unterrichtet, ebenso gebildet, ebenso tapfer und patriotisch wie irgend einer; er würde es noch mehr sein, wenn er dieselben Aussichten hätte, wie die Christen. Als Soldat zahlt er die Blutsteuer und wenn das Vaterland in Gefahr ist, verteidigt er dasselbe ebenso mutig, wie die anderen. Warum also diese Ausnahmestellung? Warum erlaubt man ihm nicht, die Militärschulen zu besuchen und wenn er die erforderlichen Fähigkeiten hat, die höchsten Rangstufen einzunehmen wie in Frankreich?

Seine Studien sind gründlich; er ist gelehrt; man findet unter den Juden die besten Advokaten; warum könnten sie nicht ebenfalls die hohen Stellungen bei den Behörden bekleiden? Und warum sollten die Juden nicht bei der Regierung hohe Aemter verwalten, wenn sie den Nachweis für ihre Fähigkeiten liefern?

Ich bin überzeugt, wenn Seine Majestät der Kaiser alles wüßte, was vorgeht, so würde er das alles ändern.

Und wie zu Alexander III. erlaube ich mir Seiner Majestät zu sagen: Diese That würde seiner Krone ein neues Juwel hinzufügen, würde seinen Namen in der Geschichte höher stellen, als den Kaiser Wilhelms I., würde auch ihn zu den unsterblichen Herrschern zählen, die mit ihrem Ruhm die Erde bestrahlt und deren Tugenden die Völker erbaut haben.

Und wie ich es schon eben gesagt habe, da Kaiser Wilhelm II. einsichtsvoll und thatkräftig ist, so bin ich überzeugt, daß die Juden unter seiner Regierung schließlich dieselben Vorrechte genießen werden, wie die Protestanten und Katholiken. Seine Majestät hat zu viel Verstand, um nicht einzusehen, daß ein auf allen Gebieten so fortgeschrittenes Land wie Deutschland unter seinen Söhnen keinen Unterschied machen darf. Solche Zustände taugten vielleicht für das Mittelalter, aber nicht für das aufgeklärte Jahrhundert des Dampfes und der Elektrizität. Kommen wir nun auf den Fall des unglücklichen Kapitäns Dreyfus zurück.

Die schwersten Beschuldigungen, welche auf dem Kapitän Dreyfus lasteten, waren:

1. Daß seine Beziehungen zu einer Persönlichkeit im Dienste des deutschen Generalstabs bewiesen seien.

Nun ist ja nachgewiesen worden, daß Graf Münster sich zu Casimir-Périer begeben hat, um zu erklären, das sei falsch und eine offizielle Mitteilung ist in der „Allgemeinen Deutschen Zeitung" erschienen, um gleichzeitig zu erklären, daß der Kapitän niemals in Verbindung mit der deutschen Botschaft gestanden hat.

2. Daß sein Betragen stets Argwohn erregt habe.

Die Richter haben zugegeben, daß diese Beschuldigung falsch war.

3. Daß er dem Spiel und den Ausschweifungen ergeben sei und daß er durch Besuch von Spielhöllen den auf ihm ruhenden Argwohn rechtfertige.

Dies rührt von einem Bericht der gemeinen Pariser Polizei her, und Jedermann in Paris weiß, was man von den Berichten aus dieser Quelle zu halten hat, besonders seit Andrieux daselbst war.

Es ist übrigens bewiesen, daß der Kapitän einen durchaus achtbaren Lebenswandel führte.

Um dem Publikum eine Vorstellung von dem Wert der Pariser Polizei zu geben, will ich die folgende Thatsache erzählen:

Im Jahr 1893 spielte man fast in allen Pariser öffentlichen Lokalen im Geheimen und lockte minderjährige, junge Leute dahin, die ihren Eltern oder Prinzipalen das Geld abstahlen, um dieser Leidenschaft zu fröhnen. Ich stellte Untersuchung an, und nachdem ich alles notwendige Material gesammelt hatte, unternahm ich in meiner Zeitung einen Feldzug gegen diese Spielhöllen, aber ich mußte die Sache aufgeben. Eines Tages wurde einer meiner Mitarbeiter, der sich nach Nr. 8 in der Rue Saint-Marc begeben hatte, wo man höllisch spielte, erkannt, und der Besitzer erklärte ihm, er pfeife auf meine Angriffe, er teile den Gewinnst mit der Polizei und brauche also nicht bange zu sein.

Ich habe andere, noch gemeinere Aufschlüsse zu geben. Meine Leser werden dieselben in meiner Schrift „Le triomphe des Coquins" finden. Dieses Werk wird bald erscheinen.

4. **Man kannte die Namen seiner Helfershelfer.**

Der Kapitän ist ungefähr seit 3 Jahren verurteilt; kein Mensch ist jemals der Mitschuld geziehen worden und zwar aus guten Gründen.

Wo kein Verräter ist, findet sich auch kein Helfershelfer.

Herr Besson d'Ormescheville hat die Nichtigkeit der vorgeblichen Beschuldigungen in dem Anklageakt nachgewiesen.

Man hat zwei Schriftstücke vorgewiesen, das Bordereau und den berüchtigten Brief; beide rühren von einem Fälscher her.

Das Bordereau?

Dieses Schriftstück ist fünf Sachkennern vorgelegt worden. Zwei derselben haben erklärt, der Zettel sei nicht von Dreyfus geschrieben worden; drei haben erklärt, er rühre von Dreyfus her.

Es ist also unmöglich, wegen dieser einen beschriebenen Seite Jemand zu verurteilen.

Der Brief?

Das war der Theater=Coup. Da man keinen anderen Beweis hatte, um die Schuld des Dreyfus aufrecht zu halten, da die Freisprechung so gut wie sicher war, so hat Mercier im letzten Augenblick diesen von einem Fälscher herrührenden Brief vorgebracht. Dieses Schriftstück wurde in den Saal gebracht, wo man das Urteil fällte und weder dem Angeklagten noch seinem Verteidiger vorgelegt. Keiner von Beiden hat den Brief gesehen: also war keine Möglichkeit für die Verteidigung vorhanden, die Echtheit des Briefes anzufechten und auf diese Weise mit gröbster Umgehung aller Verteidigungsrechte verurteilte man einen der vornehmsten Offiziere des Generalstabs als Verräter.

Hornbostel sagt in seinem Brief, es sei für mich unmöglich gewesen, die Debatten in dieser traurigen Angelegenheit zu verfolgen.

Ja freilich war das für mich eine Unmöglichkeit. Ich war ja selbst das Opfer einer Schurkerei. Andernfalls hätte ich doch dieses gemeine Bubenstück vereitelt, wie ich schon manches andere vereitelt habe. So wie man jetzt mit Dreyfus verfahren ist, so hat man es 1893 mit Weill gemacht; aber damals war ich nicht außer stande,

mich mit der Sache zu befassen; damals habe ich Schritte gethan und
habe die Bande Drumont, Morès & Cie. entlarvt.

Jedermann weiß, daß manchmal Offiziere, die keine Juden sind,
in sehr heikle Angelegenheiten verwickelt und deshalb verurteilt werden.
Da kommt Diebstahl, Durchstechereien, Verrat vor; aber vor dem
Fall Dreyfus ist kein jüdischer Offizier öffentlich angeklagt worden,
und doch ist ihre Zahl groß in der französischen Armee. Nach der
Affaire zu St. Mihiel, als ich dem Divisionsgeneral Bertrand und
seinen Offizieren eine Rüge verschaffte, weil sie bei einer Zusammen=
kunft des Prahlhans Morès zugegen gewesen waren, hat mir der
Kriegsminister erklärt, daß die jüdischen Offiziere und Gemeine vor=
zügliche Soldaten, intelligente, gebildete, patriotische Leute sind und zu
den tüchtigsten im stehenden Heer gehören.

Das Kerlchen auf dem Ministerstuhl am Platze Beauvais hat
die vollständige Sammlung der Blätter aus der „Alliance Nationale"
und er wird dort unter den April=Nummern des Jahrgangs 1893
diese Behauptung finden.

Das ärgerte natürlich die Bande Drumont, Morès & Cie.,
welche einen Streich ausführen wollten, der die jüdischen Offiziere in
der Achtung herabsetzen sollte. Das mußte man um jeden Preis zu=
wege bringen und deshalb durfte man vor keinem Vergehen, vor keinem
Bubenstück zurückschrecken.

Was dem Dreyfus blühte, wäre früher dem Weill widerfahren,
wenn ich damals die Sache nicht in Ordnung gebracht hätte. Ich
habe damals mehrere Artikel über den Gegenstand veröffentlicht; ich
wiederhole hier eine Nummer der „Alliance Nationale", wo es am
3. März 1893 heißt:

Die Infamie von St. Mihiel. Die Armee durch Morès geschmäht.

Die antisemitischen Commis=Voyageurs, die den Namen Morès
und Guérin führen, haben soeben in St. Mihiel Thatsachen von
solcher Tragweite behauptet, daß ich sofort eine doppelte Untersuchung
angeordnet habe, die eine beim Kriegsminister, die andere beim Mi=
nister des Innern, im Einverständnis mit vielen Bürgern dieser Stadt.
Man will denn doch wissen, ob zwei Kerle das Recht haben sollen,
Unruhe und Verwirrung in eine ehrliche Arbeiterbevölkerung zu tragen
und das Ansehen der Armee herabzusetzen.

Zunächst spreche ich dem Gemeinderate dieser Stadt in der ent=
schiedensten Weise das Recht ab, einem Mann wie Morès, der ganz
ungehörige Dinge begünstigt, das Stadttheater zur Verfügung zu stellen.
Die strenge Pflicht des Bürgermeisters und seiner Beigeordneten er=
heischte es, bei einem religiösen Streit, den erbärmliche Sektierer aus
gehässigen Gründen führten, durchaus unparteiisch zu bleiben. Wenn
ein ganzer Teil der Bevölkerung jüdischer Konfession ist, wenn diese
Leute regelmäßig ihre Steuern zahlen und mit Eifer und Stolz ihren
militärischen Pflichten nachkommen, wenn sie überhaupt ihre Bürger=

pflichten erfüllen, so ziemt es sich durchaus nicht, daß die Persönlich=
keiten, denen die Verteidigung ihrer Rechte und ihrer Interessen obliegt,
den Verfolgern dieser Bürger ihre Hand leihen. Ich erhebe laut Ein=
spruch dagegen, und alle rechtlich denkenden Menschen werden meine
Ansicht teilen.

Aber ich komme nun zu den schwer wiegenden Punkten.

Der General Bertrand, Kommandant der Division von St. Mihiel,
wohnte dieser gehässigen, parteiischen Versammlung bei; auch die meisten
Offiziere der Garnison waren zugegen. Diese Herren waren in Civil.
Die Zerstreuungen in dem friedlichen Städtchen von St. Mihiel sind
ziemlich dünn gesät, aber die Anwesenheit der Offiziere an diesem
Ort ist in den Augen der öffentlichen Meinung noch tadelnswerter,
noch weniger zu entschuldigen, als die des Gemeinderates. Morès
sucht natürlich beide Teile in ein möglichst ungünstiges Licht zu setzen,
um selbst besser beurteilt zu werden: er sah in der Gegenwart eines
Generals und seiner Offiziere, die in sehr auffallender Weise Partei
gegen die Juden nahmen, eine gewisse Ermutigung, ja, er hat diese
Parteilichkeit benutzt, um gegen einen braven Soldaten unserer Armee
die schlimmste Verleumdung zu schleudern.

Diese Schändlichkeit hatte er bereits begangen, als in jüngster
Zeit in Folies=Bergère zu Lyon eine Zusammenkunft stattfand. Nun
hat Morès es gewagt, den ehrenwerten Schwadronschef Weill, den
früheren Adjutanten des Generals Saussier, als Spion anzuklagen.
Und weshalb? Weil Rittmeister Weill Jude ist und weil er gegen
ihn denselben bittern, unversöhnlichen Haß hegt, der ihn früher veran=
laßte, mit dem Kapitän Crémieux=Foa und dem Kapitän Mayer
Streit anzufangen. Weill, der sich im Feldzug von 1870 glänzend
bewährte, wo er eine ehrenvolle Auszeichnung erhielt, verachtet die
Schmähungen des Hetzers Morès; aber nun erscheint es dem Minister
angemessen, ihn zu rächen, indem er den Verleumder zuerst aus der
Armeeliste streicht und ihn dann vor das Zuchtpolizeigericht schleppt.

Und dieser Morès, der zum Verlust der bürgerlichen Ehren=
rechte verurteilt ist, weil er die Armee zum Aufstand angereizt hat,
wer weiß, zu welchem verbrecherischen Zweck, in jedem Fall ein Anti=
Franzose, dieser Mensch wagt es, einen tapferen französischen Offizier
als Spion zu bezeichnen, ohne übrigens irgend einen Beweis für diese
schmähliche Anklage zu bringen; der wagt es nun, in einer öffentlichen
Versammlung den Ruf auszustoßen:

„Alle Juden unter unserer Fahne sind Spione!" Und dabei
sind Offiziere zugegen und erheben keinen Widerspruch, ja diese Offi=
ziere gehen so weit, Bravo zu rufen.

Wenn einer im Heer ein Spion ist, so ist es jedenfalls dieser
Morès, der italienischer Herkunft ist und Beziehungen mit auslän=
dischen hochgestellten Persönlichkeiten der feindlichen Staaten unterhält.
Dieser Morès, dessen Schwiegervater Hoffmann erwiesenermaßen

franzosenfeindlicher Deutscher, dessen Schwager Stumm, früher deutscher Gesandter in Madrid, ein intimer Freund Wilhelms II. ist.

Dieser Mann müßte sich ja vor Schmach in die Erde verkriechen, bis das öffentliche Gewissen, oder besser die Regierung ihn für alle Zeiten unschädlich macht.

Denselben Abklatsch bringen gewisse politische Dunkelmänner vor, um den armen Juden etwas anzuhängen und der lächerliche Guérin hat dann das Geschäft fortgesetzt. Guérin spricht natürlich in dem guten Glauben, der ihn charakterisiert, davon, die inneren Feinde zu zermalmen, bevor man an die Verteidigung der Grenzen denken könne, wenn das Vaterland in Gefahr sei. Nur hat er bei Erwähnung der Vaterlandsfeinde aus Bescheidenheit vergessen, zwei Namen zu nennen, seinen eigenen und den seines Spießgesellen Morès.

Noch ein Witzwort, das zum Prozeß von St. Mihiel gehört.

Der Advokat der verleumdeten Metzger, Herr Larcher, klagte die Antisemiten an, sie wollten in jedem Fall alle Juden auffressen. Gott bewahre! antwortet Herr de Saint=Auban. Das wäre zu ungesund. Ich bin bereit, ihm darauf zu erwidern: Nein, mein kleiner Saint=Auban, das Fleisch ist doch wohl nicht so sehr ungesund, denn Ihre Freunde möchten sich ja alle Tage diesen Genuß gönnen; nur ist der Jude nicht der Mann, der sich auffressen läßt.

Ihr Antisemiten dagegen, ihr habt guten Grund, von den Juden nichts zu befürchten. Sie werden euch nicht auffressen, denn das Gesetz Moses' verbietet den Israeliten, die .... kleinen Gefährten des heiligen Antonius zu verzehren.

Glauben Sie mir, mein teures Bürschchen, Sie thäten wirklich besser daran, solche Dummheiten nicht mehr ins Publikum zu bringen. Ihr Operetten=Namen ist grade genügend, um Sie der Lächerlichkeit preiszugeben. Herr Saint=Auban, Sie thäten besser daran, Ihre Hände aus dem Spiel zu lassen.

Henri Strauß.

Hätte ich mich also damals im Jahre 1893 nicht mit dieser Sache befaßt, so hätte Weill die Qualen des Dreyfus erduldet, und ich wiederhole es, wenn ein erbärmlicher Glaubensgenosse, um 140 000 Franken einzusäckeln, mich nicht außer stande gesetzt hätte, den Fall Dreyfus zu verfolgen, so säße der jetzt nicht auf Ile-de-Diable.

Ich bitte meine Leser, Geduld zu haben, wenn ich zuweilen meine Person oder andere Leute nenne, bevor ich die Unschuld des Kapitäns nachweise, das geschieht einzig in der Absicht, dem Publikum zu zeigen, wessen man fähig ist, wenn man in Frankreich einen Menschen stürzen will.

Vor einigen Tagen speiste ich hier im Gasthof mit einigen katholischen Franzosen, jenen seltenen Franzosen, die noch nicht durch ihre Regierung verderbt worden sind. Sie sagten„ was ich schon lange gesagt habe: Nicht Rochefort ist gefährlich für Frankreich, sondern Drumont. Und doch lassen die Dummköpfe, welche dieses Land regieren, diesen Schurken, der es mehr als einmal gewagt hat, die Brandfackel des Bürgerkrieges zu entfachen, schalten und walten.

In Algier stand man mehr als einmal vor dem Ausbruch des Bürgerkrieges, aber ich habe ihn stets verhindert, und ich versichere, wenn ich mich mit der Sache in Montaganem hätte befassen können, so wäre sie unterblieben.

Ich habe hier wenige von meinen Zeitungen zur Verfügung, aber ich veröffentliche zwei Artikel aus der „Alliance Nationale", um so mehr, als ich darin den Namen des berühmten Andrieux finde, mit dem ich mich im Verlauf meiner Broschüre noch beschäftigen werde.

Artikel vom 7. Dezember 1892.

Offener Brief an den Minister des Innern.

Herr Minister!

Ich beehre mich, Ihnen mitzuteilen, daß ich täglich Klagen von unseren Glaubensgenossen höre, Klagen, die mich sehr zum Nachdenken veranlassen, und es gibt Augenblicke, in denen ich mich frage, ob Algier eigentlich eine französische Kolonie ist, von der französischen Regierung beschützt, oder ob dieses Land unter der Herrschaft der Russen oder Rumänier steht.

Ich bitte auf folgende Thatsache die Aufmerksamkeit zu richten:

Vor einigen Jahren gründete eine Gesellschaft katholischer Antisemiten unter dem Namen „Turnerklub" einen Verein. In den Statuten wurde festgesetzt, Jedermann ohne Unterschied der Nation könne Mitglied werden, mit einziger Ausnahme der französischen Juden.

Einige Zeit darauf wurde ein anderer Verein gegründet, der sich „La Patriote" nannte, und hinsichtlich der Juden wurde dieselbe Bestimmung getroffen.

Die jüdischen jungen Leute, die nicht dümmer sind, als ihre katholischen Mitbürger, wollten zeigen, daß sie nicht hinter den anderen zurückblieben, und als sie sahen, daß man in beiden Vereinen alle Angehörigen anderer Nationen aufnahm und nur solchen Franzosen, die der jüdischen Konfession angehörten, den Zutritt verweigerte, so gründeten sie auch einen Turnverein und nannten denselben „L'Avenir d'Alger."

Nun gestatten Sie mir, Herr Minister, den Gemeinderat von Algier der Feigheit zu zeihen, welche von jedem rechtlich denkenden Menschen scharf gerügt zu werden verdient.

Alle Gesellschaften werden von der Gemeinde Algier mit Geld=
mitteln unterstützt; aber weil „L'Avenir d'Alger" aus Juden besteht,
erhält dieser Verein keinen Zuschuß.

Und doch müssen die Juden zu den Gemeindelasten von Algier
grade so gut beisteuern, wie die Katholiken; also müssen die mit ihrem
Scherflein die Gesellschaften unterstützen, die sich aus den antisemitischen
Lumpen zusammensetzen, während man den jüdischen Vereinen keinerlei
Zuschuß aus öffentlichen Mitteln gewährt.

Habe ich nun Recht, wenn ich sage, man sollte wahrhaftig
glauben, unsere afrikanische Provinz würde von Russen oder Rumäniern
regiert?

Wozu nützen denn die Grundsätze des Jahres 1789 „Freiheit,
Gleichheit und Brüderlichkeit?"

Aber ich bin noch nicht fertig.

Die Antisemiten, welche nun eifersüchtig darauf waren, daß die
von anderen Vereinen ausgeschlossenen Juden die Mittel gefunden
hatten, für sich einen Verein zu gründen, die besonders deshalb eifer=
süchtig waren, weil dieser Verein bei allen Wettkämpfen, wo er mit=
wirkte, einen Preis davontrug, ließen sich nun keine Gelegenheit ent=
gehen, die Leute, wo sie es konnten, zu ärgern.

Jedesmal, wenn ein Fest organisiert wurde, jedesmal, wenn
der Verein einen öffentlichen Aufzug hatte, wurden die Leute aus=
gepfiffen. Und das geschah am hellen lichten Tag in einer Stadt
wie Algier.

Franzosen ziehen vorüber, machen körperliche Uebungen, um
robuste Bürger zu werden, um tüchtig zu werden, das Vaterland einst
wider den Feind zu verteidigen, und man duldet es, daß Anti=
semiten, von denen die meisten Italiener und Spanier sind, sie auf
offener Straße mit Zischen empfangen.

Was thut der General=Gouverneur in Algier, um solche Dinge
zu verhindern? Was thut die Polizei?

Es ist wahrhaftig an der Zeit, daß solchen ärgerlichen Auf=
tritten, unter denen Franzosen zu leiden haben, ein für allemal ein
Ende gemacht wird.

Ich table auch die jüdischen Franzosen von Algier; ich table
sie, daß sie sich während ihres Aufzuges von der Bande Grégoires
auszischen ließen.

Sie wissen doch, daß diese Antisemiten Feiglinge sind. Warum
versehen sie sich nicht mit ordentlichen Knütteln, wenn sie in corpore
aufziehen? Ich glaube, sie brauchten blos einmal die Knüttel vor=
zuweisen und es würde sofort eine allgemeine Flucht erfolgen. Sollte
das aber nicht genügen, sollten sie ihnen die Rippen zerbrechen, nun
dann haben diese Clowns, welche nur Zwietracht ausstreuen zwischen
Franzosen, nichts besseres verdient.

Herr Zeller, der Vorsitzende der „la Patriote", hat im vergangenen Jahr die Anregung dazu gegeben, daß die verschiedenen Turnvereine von Algier mit Einschluß der „L'Avenir d'Alger" zusammentreten sollten, und beim Wettturnen in Nancy, wo die drei Turnvereine vertreten waren, wurde von den letzteren beschlossen, daß im Monat Mai 1893 in Algier ein Wettkampf organisiert werden sollte.

Als die Antisemiten von Algier und ein Teil der Mitglieder „des Amis de la Patrie" und des Turnerklubs auf telegraphischem Wege die Mitteilung erhielten, daß eine Vereinbarung mit dem jüdischen Turnverein stattgefunden habe, in Hinsicht auf ein allgemeines Wettturnen in Algier, nahmen sie die von Herrn Zeller in Nancy getroffenen Bestimmungen nicht an und bildeten einen neuen Vorstand, in welchem die Vertreter der „L'Avenir d'Alger" gestrichen wurden.

Die neue Kommission trat dann zusammen und faßte den Beschluß, daß im Monat Mai 1893 ein Schauturnen in Algier stattfinden sollte und daß „L'Avenir d'Alger" daran nicht teilnehmen würde.

Als der Vorsitzende des letztgenannten Vereins sah, in welcher gehässigen und parteiischen Weise der Ausschuß des Schauturnens gegen ihn vorging, und da er wünschte, daß sein Verein sich mit den gleichen Anrechten an dem Wettkampfe beteilige, begab er sich zum 38. Kongreß der vereinigten Turnverbände nach Paris, wo die beiden anderen Vereine ebenfalls vertreten waren, um dort die Sache zum Austrag zu bringen.

Die Antwort lautete, daß die Statuten in Hinsicht auf das Schauturnen folgendes feststellen:

Findet in einer Stadt ein allgemeines Schauturnen statt, so haben alle Turnvereine ohne Unterschied der Konfession oder der Partei das Recht, daran teilzunehmen.

Als sich nun herausstellte, daß man den jüdischen Verein nicht von dem allgemeinen Turnerfest ausschließen konnte, so richtete Herr Tingry, ein Antisemit, Präsident des Festvorstandes und Vorsitzender der antijüdischen Sektion „La Patriote", um die Schwierigkeiten beizulegen, folgenden Brief an den Präsidenten des jüdischen Turnvereins „L'Avenir d'Alger":

An den Herrn Präsidenten des „L'Avenir d'Alger," Algier.

. . . .
. . . .

Was sagen Sie dazu, Herr Minister?

Befinden wir uns in einem Freistaat, oder sollte man nicht glauben, die abscheulichen Zeiten der Inquisition wären wieder da?

Da sind nun Katholiken, welche zwei Turnvereine gründen; sie verbieten den Juden den Zutritt. Die letzteren, die nicht minder gute Patrioten wie die Katholiken sind, bilden daneben einen ähnlichen Verein, und nicht nur wird dieser Verein bei jedem öffentlichen Aufzug

mit Zischen empfangen, von solchen Lumpen, die das Losungswort von Drumont und Morès empfangen, man verlangt auch noch die Auf=
lösung des Vereins.

Wo befinden wir uns denn eigentlich?

Ich wiederhole es, man sollte kaum glauben, noch auf fran=
zösischem Boden zu sein.

Herr Minister! Ich empfange alle Tage Briefe, die mir noch unerhörtere Thatsachen vorführen, nicht blos aus Algier, auch aus Tunis. Vor einigen Tagen erhielt ich einen Brief aus Tunis, in welchem mir mitgeteilt wird, daß der Antisemitismus hier einen hef=
tigen Feldzug beginnt, und meine Glaubensgenossen daselbst beschwören mich, sie zu verteidigen. Man bezeichnet mir den „Messager Tunisien", ein Blatt, das nicht nur die Juden, sondern auch die französische Regierung angreift, und das wundert mich nicht, da die Antisemiten schlechte Franzosen sind, welche ihre Befehle von den römischen Je=
suiten erhalten.

Ein einziges Insekt, das man nicht tötet, züchtet eine ganze Menge von Ungeziefer.

Und das ist geschehen. Die Juden haben sich den Drumont gefallen lassen und jetzt ist die Zahl seiner Anhänger Legion.

Und, Herr Minister, ich habe in Paris hochgestellte, sehr hoch=
gestellte Glaubensgenossen, die da finden, daß ich sehr heftig gegen diese niedrigen Persönlichkeiten bin.

Glücklicherweise zollt mir die Masse meiner Brüder Beifall, und ich bin mit Recht stolz auf die zahlreichen Briefe, die ich täglich von angesehenen Kaufleuten erhalte, die mein Betragen gut heißen, die mich anflehen, mein Werk zum öffentlichen Heil fortzusetzen, die mir erklären, daß meine Arbeit eine patriotische ist, und daß mir das Judentum verdanken wird, uns von den Antisemiten zu befreien.

Meine Glaubensgenossen täuschen sich nicht; meine Aufgabe ist schwer, weil man mich wenig unterstützt; aber das thut nichts. Meine Energie wird alles ersetzen und ich werde den Drumontismus niederschmettern, wie ich es versprochen habe.

Gestatten Sie mir deshalb, Herr Minister, in diesem Brief an die Turnverbände von Paris zu appellieren, ebenso an die Turnvereine von Nancy, von Marseille und aller derjenigen Städte, in welchen unsere Zeitung zahlreiche Leser hat, um diese Vereine aufzufordern, sich der Beteiligung zu enthalten und sich nicht zum Wettkampf nach Algier zu begeben, falls der Verein „l'Avenir d'Alger" nicht genau so behandelt wird, wie die beiden anderen Turnvereine.

Die Turnvereine von Frankreich werden auf diese Weise ein trefflich patriotisches Werk thun.

Ich sehe es als meine Pflicht an, Herr Minister, Ihre Auf=
merksamkeit auf die oben genannten Thatsachen zu lenken, und ich bin überzeugt, daß Sie dieselben dem Herrn Gouverneur von Algerien

melden werden, damit er die entsprechenden Maßregeln trifft. Der Gemeinderat insonderheit soll nicht vergessen, daß alle Franzosen vor dem Gesetz gleich sind und daß sie die gleichen Rechte und Pflichten haben.

Genehmigen Sie, Herr Minister, die Versicherung meiner vorzüglichen Hochachtung.

Henri Strauß.

Alle Leser meiner „Alliance Nationale" werden sich entsinnen, daß das qualifizierte Fest infolge meines Einschreitens thatsächlich von Algier nach Toulon verlegt worden ist. Das daraufhin gegen mich in Mustapha veranstaltete Meeting hat mich kalt gelassen.

Ich habe schon vorher gesagt, daß ich nicht mehr weiß, ob der „Intransigeant" oder die „Libre Parole" schrieb, Dreyfus sei zweifellos schuldig, es sei denn, daß die Offiziere, welche ihn verurteilten, Schurken waren.

Bei Gelegenheit des Angriffes, welchen die Dragoneroffiziere auf E. Crémieux-Foa, den Bruder des Kapitäns, machten, hat sich herausgestellt, daß es besonders in dem Dragonerregiment auch Schurken und Feiglinge gab, welche aber keine Juden waren, aber ich gebe zu, daß die Offiziere, welche Dreyfus verurteilten, nur dumm sind, aber durchaus ehrliche Leute.

Dennoch wage ich die Behauptung aufzustellen, daß der Kommandant Sandherr, der kürzlich starb, auch ein Hallunke war. Von Gewissensbissen im letzten Stündlein gepeinigt, erklärte er, daß Dreyfus unschuldig sei. Auch behaupte ich, daß der Kommandant Mercier du Paty de Clam ein abgefeimter Schurke ist, unwürdig, die Epauletten zu tragen, aber wohl würdig, Deibler als Henker abzulösen. Ich schöpfe aus der Quelle des Bernard Lazare — da es mir damals unmöglich war, die Debatten zu verfolgen —, um die erbauliche Rolle, welche dieser Henker gespielt hat, näher zu beleuchten.

Am Montag, den 15. Oktober begab sich der Kapitän Dreyfus, den ein Brief vom 13. Oktober unter dem Vorwand einer allgemeinen Inspektion berufen hatte, in das Ministerium. Wenn der Chef des Generalstabs die Offiziere zur Inspektion empfängt, so geschieht dies stets ohne Zeugen. Als der Kapitän Dreyfus in das Kabinet des Generals de Voisdeffre geführt wurde, wo die Spiegel so gehängt waren, daß man seinen wechselnden Gesichtsausdruck beobachten konnte, befand er sich zu seinem großen Erstaunen angesichts des Kommandanten du Paty de Clam und dreier unbekannter Personen. Der Kommandant bat ihn, sich an einen Tisch zu setzen und den General de Voisdeffre zu erwarten. Der kam aber nicht, und der Kapitän hat ihn im Verlauf des Prozesses ebensowenig gesehen, wie irgend einen anderen Offizier vom Generalstab.

Herr du Paty ersuchte ihn, nach Diktat einen Brief zu schreiben, und nachdem Kapitän Dreyfus unter wachsendem Erstaunen eingewilligt hatte, stellte er sich neben ihn und diktierte ihm ein Zirkular, in welchem die Schriftstücke, die in dem straffälligen Bordereau figurieren, aufgezählt waren. „Ihre Hand zittert," sagte er zu dem Kapitän Dreyfus, „Ich habe kalte Hände," antwortete der Kapitän. Herr du Paty nahm sein Diktat wieder auf und sagte: „Geben Sie Acht, die Sache ist ernst." Und nachdem er das Diktat vollendet hatte, faßte er ihn am Arm und sagte: „Im Namen des Gesetzes, ich verhafte Sie; Sie sind des Hochverrats angeklagt."

Diese Theaterscene hatte sich Paty de Clam ausersonnen.

In der Anklage hieß es denn auch, die Verwirrung, die der Kapitän während des Schreibens gezeigt habe, wäre für seine Gefangennahme entscheidend gewesen.

Das ist falsch, grundfalsch, denn die Verhaftung war vorher beschlossen. Das Mandat war am 14. unterzeichnet worden, und am Abend des 14. empfing der Kommandant des Gefängnisses von Cherche-Midi den schriftlichen Befehl, eine Zelle für einen Staatsgefangenen bereit zu halten.

Man bestreitet mir immer, daß der Fall Dreyfus ein Werk der Antisemiten sei. Ich habe schon nachgewiesen, daß Morès bereits im Jahre 1893 ein gleiches Bubenstück ersonnen hatte, um Weill zu stürzen.

Schauen wir uns jetzt einmal die Befehle an, welche dem Kommandanten des Gefängnisses von Cherche-Midi eingehändigt worden sind, und man wird nicht mehr zweifeln, daß sich diese Dummköpfe vom Kriegsministerium von der antisemitischen Clique wie die Schafe haben leiten lassen.

Am 15. Oktober, des Morgens, begab sich der Oberstlieutenant D'Aboville nach Cherche-Midi, um dem Kommandanten Forzinetti geheime Instruktionen mitzuteilen. Dann lenkte er, während er die Ankunft des Kapitäns Dreyfus erwartete, die Aufmerksamkeit des Herrn Forzinetti auf die Vorschläge, welche ihm jedenfalls die cosmopolitische Bank und hervorragende Juden machen würden, und verlangte sein Ehrenwort, daß er den ministeriellen Verfügungen auf das strengste nachkommen würde. Das verweigerte der Kommandant und sagte, als Soldat habe er nur seinem Vorgesetzten zu gehorchen.

Das ist doch durch und durch antisemitische Atmosphäre!

Die cosmopolitische Bank und „hervorragende Juden" haben sich nicht mit der Angelegenheit befaßt, weil sie auf Gerechtigkeit hofften; sie konnten nicht voraussehen, daß man den General Mercier übertölpeln würde wie einen Dummkopf und gar noch von dem Pack, dessen Anführer der ehrwürdige Jesuitenpater Drumont ist. Ich bin überzeugt, wenn die „hervorragenden Juden" sich mit der

Angelegenheit befaßt hätten, erfreute sich der Kapitän der Freiheit, selbst wenn er schuldig wäre. Nirgendwo ist man ja den Nebenverdiensten so zugänglich wie in Frankreich und bei unsern guten Freunden, den Russen.

Die wirkliche oder angebliche Verwirrung des Kapitäns war also nicht der Grund seiner Verhaftung. Hatte denn eigentlich diese im Kabinet des Generals von Boisdeffre aufgeführte Scene für die Anklage irgend einen Wert?

Wer könnte es behaupten? Was Paty de Clam und die anwesenden Polizeibeamten Verwirrung nannten, war für die Verteidigung nur die Kundgebung der Bestürzung, welche Dreyfus ganz naturgemäß bei einem so ungewohnten Auftritt empfinden mußte. Jeder andere Offizier würde unter gleichen Verhältnissen auch deutlich sein Erstaunen gezeigt haben.

Wäre das gar Herrn Paty de Clam passiert, so hätte sein armer Bursche noch ein schweres Stündchen mit der Reinigung der Hose seines Herrn gehabt.

Sobald der Kapitän in der Liste der Gefangenen eingetragen war, stellten sich der Kommandant du Paty de Clam und Herr Cochefert in Dreyfus' Wohnung ein. Sie kündigten Madame Dreyfus die Gefangennahme ihres Gatten an und schritten zu einer peinlich genauen Haussuchung, die selbst nach der Aussage des du Paty de Clam nichts ergab. Die Rolle des Herrn Cochefert war zu Ende, die des du Paty sollte erst beginnen. Es ist nötig, das noch einmal zu betonen, um die Stimmung und die unerklärliche Erbitterung dieses Hallunken, der sich zum Untersuchungsrichter aufgeworfen hatte, zu zeigen; es ist durchaus notwendig, zu sagen, wie man eine Frau behandelte, welche von einem ganz unerwarteten, ganz unbegreiflichen Unglücksschlag betroffen wurde.

Auch begreift man jetzt, daß der Kapitän Dreyfus eines Tages gesagt hat: „Ich hatte nicht mit Untersuchungsrichtern zu thun, sondern mit Henkern". Während der 17 tägigen Untersuchung sah der Henker-Kommandant du Paty täglich Madame Dreyfus. Nicht allein verweigerte ihr der Elende, zu sagen, welche Anklage auf ihrem Gatten ruhe; er ließ sie auch in Unkenntnis über das Gefängnis, wo er festsaß; nicht nur verbot er ihr, ihm über ihre eigene Gesundheit oder die ihrer Kinder, von denen eines am Tage der Verhaftung krank war, Nachrichten zu geben; er untersagte ihr auch, irgend Jemand von dem Vorgefallenen in Kenntnis zu setzen. Er sagte ihr, außer dem Minister und den mit der Untersuchung Betrauten dürfe Niemand wissen, was aus ihrem Mann geworden sei. Als Madame Dreyfus einwand, sie müsse doch ihre beiden Schwäger in Kenntnis setzen, sagte er ihr, jedes Wort könne ihrem Manne das Leben kosten und das einzige Mittel, ihn zu retten, sei Stillschweigen.

Vom 16. Oktober an, als die Untersuchung begann, sagte der Pedant du Paty zu Madame Dreyfus, daß alle Beweise gegen den Kapitän zusammengebracht wären, und gab ihr zu verstehen, daß er zum Tode verurteilt werden würde. Als Madame Dreyfus fragte, worauf denn diese Beweise beruhten, antwortete der Elende: „Auf meiner inneren Ueberzeugung".

Vor dieser vor Schmerz fast wahnsinnigen Frau, die keine Ahnung hatte, was eigentlich vorging und die nicht wußte, was daraus erfolgen könne, die mit aller Macht gegen die abscheuliche Anklage protestierte, nannte dieser Feigling, der sicher im Augenblick, wo das Vaterland in Gefahr ist, höchstens an den Fersen verwundet werden könnte, den Kapitän Dreyfus nie anders als Feigling, Lump, Elender. Ueberhaupt schrieb er ihm alle Fehler zu, die er selbst besaß. Er setzte wohl voraus, daß alle Offiziere so feige, so niedrig, so erbärmlich wären, wie er selbst.

Da er keinen einzigen Brief vorfand, der verdächtige Beziehungen andeutete, so schloß er darauf auf die Schuld des Gefangenen. Als Madame Dreyfus ihn fragte, hielt ihr der erbärmliche Lump vor, daß ihr Mann ein eingefleischter Schurke sei und einer unglaublichen Verstellung fähig. Er deutete vor ihren Augen einen Kreis an, in dem er eine gewisse Anzahl Männer vorführte, die ein heimliches Verbrechen begangen haben sollten; dann deutete er nach und nach andere Kreise an, um einen nach dem andern zu eliminieren, und nachdem er so die Kreise der verdächtigten Personen immer enger zog, blieb er zuletzt auf dem Kapitän Dreyfus sitzen.

Der Gefährte des heiligen Antonius ging sogar so weit, der Frau gegenüber zu behaupten, ihr Gatte habe ein doppeltes Leben geführt, sei in der Familie tadellos und in Wirklichkeit ein Scheusal gewesen. „Denken Sie an den Mann mit der eisernen Maske", sagte er bei einer anderen Gelegenheit, oder auch: „Sein Wächter, ein höherer Offizier, hat mit seinem Kopf für ihn gebürgt; wenn ich an seiner Stelle wäre, würde ich solche Furcht haben, daß ich mich quer vor seiner Thür hinlegen und ihn im Schlaf noch beobachten würde."

In diesem Satz kennzeichnet sich der Mensch. Das ist sein Bildnis: Der Henker, der Spion, der Galeerenaufseher. Das sind die passenden Aemter für den Kommandanten du Paty.

Aber der erbärmliche Kerl verwickelte sich fortwährend in Widersprüche, wahrscheinlich unwillkürlich; er ließ die unglückliche Frau wieder Hoffnung schöpfen, und am 1. November schrieb er ihr, sie könne die Befreiung erwarten.

Im Geheimen spannte man den Kapitän Dreyfus 17 Tage lang auf die Folter, eine moralische Folter, die hundertmal grausamer ist, als die physische. 15 Tage lang blieb er in Unkenntnis über die Anklage, die auf ihm lastete. Er empfing jedoch täglich den Besuch seines Henkers, der Abends in Begleitung seines Kanzlei=schreibers, d. h. seines Gehülfen, erschien. Bei diesen Unterredungen vergaß er immer, daß er einen Angeklagten, keinen Verurteilten vor sich habe. Er redete den Mann, der in seiner Gewalt war, nie anders als mit Schimpfworten an. Dem Mann, der nicht wußte, welchen Verbrechens man ihn zeihen wollte, raubte er jegliches Mittel der Verteidigung, grade so, wie es später der General Mercier that.

Er ließ den Gatten dieselbe Todesangst ausstehen, welche die Frau durch ihn erlitt.

Er sagte ihm: „Sie sind verloren, nur die Vorsehung kann Sie erretten".

Auf seine verzweifelte Fragen gab er nur zweideutige Antworten. Eines Abends flehte der Kapitän seine Peiniger an, ihm doch zu sagen, um was es sich handele. Der Kanzleischreiber antwortete: „Stellen Sie sich einmal vor, man fände ihre Uhr in einer fremden Tasche." Und diese Kanaille von du Paty nickte zustimmend. Man teilte ihm mit, daß seine Mitschuldigen (?) verhaftet werden sollten, daß seine Gefangennahme trotz ihrer Heimlichkeit in allen deutschen Lokalen be= kannt geworden sei. Wenn er seine Unschuld beteuerte, so erwiderte sein Henker: „Das hat der Abbé Bruneau auch behauptet, er ist aber doch auf dem Schaffot gestorben."

Zehnmal wollte sich der Unglückliche in seiner Verzweiflung das Leben nehmen; zehnmal widerstand er der Versuchung, denn er wußte, daß der Selbstmord für die voreingenommenen Gemüter die Bestätigung seiner Schuld sei, und daß er seiner Unschuld wegen nicht das Recht habe, zu sterben.

Und der Unglückliche hat Recht gehabt. Der Tag wird kommen, an dem Frankreich von ehrlichen, unbescholtenen und intelligenten Männern regiert wird. Und wenn er kommt, so wird man öffentlich die Unschuld des Märtyrers verkündigen.

Bis zum 15. Tag seiner Gefangennahme legte man dem Ka= pitän Dreyfus Fragen von doppelter Bedeutung vor und ließ seine Gedanken durch allerlei Widersprüche in die Irre führen.

Endlich am 15. Tage zeigte man ihm die Photographie des Bordereau, das er geschrieben haben sollte.

Am andern Tag übergab der erbärmliche du Paty de Clam seinen Bericht dem General Mercier.

Ein Jahr vorher, als Morès den Schwadronschef Weill als Spion verdächtigte, hatte er denselben Streich versucht.

Die antisemitische Clique beutete die Dummheit des Petit Sucrier aus. Ich frage mich nun, ob der besagte du Paty de Clam nicht etwa gewußt hat, wie das Geld des kleinen Max aussah.

Jedenfalls überlasse ich es dem Publikum, die Handlungsweise des Henkers zu beurteilen, aber davon bin ich überzeugt: in keiner

Armee fände man doch irgend einen Offizier, der das schmutzige Amt dieses Lumpen übernehmen möchte.

Aber in Frankreich darf man sich heutzutage über nichts mehr wundern.

Rochefort wird vom hohen Gerichtshof verurteilt; dazu entläßt man die schlimmsten Verbrecher aus den französischen Gefängnissen, Constans bezahlt sie als Zeugen.

Jedermann erinnert sich noch an den Mord in der Straße Rambuteau. Der vermeintliche Mörder und seine Geliebte wurden ins Gefängnis gesetzt. Da man gegen den Verdächtigten, der nebenbei gesagt unschuldig war, keine Beweise fand, so schickte die Polizei-Präfektur einen ihrer Agenten in die Zelle der Frau. Er behandelte sie mit Schlägen, damit sie eingestehen sollte, ihr Geliebter wäre schuldig. Da er nichts erreichen konnte, so ließ die Präfektur dieser unglücklichen Person durch einen anderen Agenten hundert Franken anbieten, aber sie blieb fest.

Es ist wahr, daß der Generalanwalt der Assisen, einer der seltenen ehrlichen Vertreter der Behörde, die Handlungsweise dieser Polizei gebrandmarkt hat.

Im Fall Dreyfus kommt ein falscher Polizeibericht vor, der von einem ausschweifenden Leben u. dergl. spricht. Nach viertägigen Verhandlungen wurde festgestellt, daß der Bericht erlogen sei, daß der Kapitän keinerlei verdächtigen Verkehr pflege, daß die Reisen in fremde Länder, die Geldverlegenheiten, die Spielsucht, der Verkehr mit Frauenzimmern Märchen seien.

Und jetzt werde ich zum letztenmal an dieser Stelle von mir selber sprechen. Wenn ich das thue, so geschieht das einzig, um zu zeigen, wie tief die Verwaltung in Frankreich gesunken ist, unter der Regierung der 3. Republik, und wie es möglich ist, daß eine so ungeheuerliche Sache, wie der Fall Dreyfus, in einem Lande vorkommen kann, das in jeder Hinsicht dem Untergang entgegengeht.

Alle Welt weiß, wie mutig ich für meine Glaubensgenossen gekämpft habe, so oft sie systematisch von der Bande des schurkischen Drumont angegriffen wurden.

Man erinnert sich meiner Angriffe gegen den „Petit Sucrier" traurigen Angedenkens; diese Angriffe ärgerten ihn so, daß er mir Geld bieten ließ, um sie einzustellen, und am selben Tag teilte ich dies Anerbieten meinen Lesern mit und machte bekannt, daß meine Feder nicht käuflich sei.

Max Lebaudy hatte, als er noch minderjährig war, einem gewissen David Winter, aus Köln gebürtig und in Paris wohnhaft, einen Wechsel ausgestellt, den er sich, als er mündig war, zu zahlen weigerte, und zwar aus einem Grund, den ich billigen mußte und den der Leser leicht erraten wird.

Als man sah, daß meine Feder nicht käuflich war, wurde mein Untergang beschlossen und die feige Büberei angezettelt.

Georges Belz, mein früherer Sekretär, der seinem Namen fälschlich den eines Barons de Villas hinzufügt; Heftler, der zu zwei Jahren verurteilt war, Heftler, der Dieb, Sohn eines Friseurs, der sich Baron Ladislas Heftler nennt ꝛc., Theodor Widerschall, der Dieb im „Maison de Blanc," ein Agent des Winter, wurden von diesem Letzteren beauftragt, sich zu Lebaudy zu begeben und ihm zu sagen, daß Winter sich anheischig mache, ihn von mir zu befreien, wenn er ihm seinen Wechsel von 140,000 Franken zahlte.

Der Handel wurde geschlossen; ich werde die Sache ausführlich in dem „Triomphe des Coquins" besprechen.

Acht Tage vor dem hinterlistigen Streich erschien eine einzige Nummer von einem Blatt, das sich „Le Gourdin" nannte. Es wurde auf den Boulevards verteilt und von Lebaudy, der meine Verhaftung ankündigte, bezahlt, was auf geplante Absicht schließen läßt. Vier Tage später sitze ich auf der Terrasse des Café Napolitain und dort trug sich der famose Angriff der 25 Feiglinge zu, die zur „Libre Parole" und der Bande Lebaudy gehörten. Die erstern wurden von Guérin, die letzteren von Widerschall angeführt.

Es würde zu weit führen, wollte ich die Sache hier erzählen. Die Schurken, die ich entlarvte, wollten sich in feiger Weise meiner entledigen; Dank der Banknoten Lebaudy's ist ihnen das gelungen.

Diese Geschichte hat den „Petit Sucrier" ein Heidengeld gekostet, Jedermann beutete ihn aus; um ihm behülflich zu sein, sich meiner Person zu entledigen, ließ sich die Polizei, die Presse und die Regierung von dem Schafskopf Geld bezahlen.

Heftler erhielt für sein falsches Zeugnis 5000 Franken. Ich habe ihm das in der Verhandlung vorgeworfen; er hat es nicht abgeleugnet, sondern erwiderte, Winter sei ein großmütiger Mann, der ihm diese 5000 Franken geschenkt habe. Er hätte sie aber nicht für sein Zeugnis erhalten, und dieser Kerl Flandrin, der den Vorsitz führte, ließ sich diese grobe Lüge aufbinden, oder that wenigstens so, obgleich sie von einem Dieb herrührte, der zu zwei Jahren verurteilt war.

Betrachten wir jetzt einmal die Anstifter und die Zeugen dieser Infamie.

Georges Belz, mein früherer Sekretär, der sich Baron de Villas betitelt und der bekannter ist unter dem Namen „Pfefferkuchen=Musketier". Ich hatte ihn fortgeschickt, weil er zu ehrlich war.

Ladislas Heftler. Um dieses Individuum näher zu kennzeichnen, bringe ich eine „Pariser Chronik" vor, die im „Courier de Bruxelles" erschien. Sie lautet:

Vor einigen Tagen schickte ein Abenteurer, der sich in einer gewissen Pariser Gesellschaft einen Platz zu geben wünschte, seine Zeugen zu Herrn Aurélien Scholl, dem sympathischen Schriftsteller.

Nachdem dieser Erkundigungen eingezogen hatte, erfuhr er, daß der Mensch, der sich Baron Ladislas Heftler nennen ließ, der Sohn eines Friseurs aus dem Herzogtum Posen sei, der wegen Diebstahls aus einem Seidengeschäft, wo er eine Zeit lang gearbeitet hatte, fortgejagt worden war. Von anderer Seite teilte der Kapitän R. dem Herrn Scholl mit, daß er jüngsthin den Preußisch=Polen geohrfeigt habe, denn augenblicklich bestehe sein Beruf darin, die Fremden im Grand=Hôtel zu erwarten, um sich von ihnen gewisse ... Vermittelungen bezahlen zu lassen. Nachdem nun Herr Scholl einen solchen Gegner abgewiesen hatte, begab sich der Pole in das Café Riche und fragte ihn: „Warum wollen Sie sich nicht mit mir schlagen?" „Weil Sie ein Kuppler und ein Dieb sind", erwiderte der andere. Der verkappte preußische Friseur fiel nun über den, der ihm diese grausame Wahrheit gesagt hatte, her, und versetzte ihm einen Faustschlag unter das Kinn und einen zweiten auf die Brust. Herr Scholl antwortete mit einem Hagel von Stockschlägen, aber ein kurzer Dolch im Innern des Stockes drang durch die Hand und den Schenkel des Angreifers. Herr Scholl, welcher den Wunsch hegte, die Sache zum Austrag zu bringen, holte sich bei einem maßgebenden Ehrengericht Bescheid. Die Herren Antonio de Espeleta, Foy d'Esclauds, Anatole de la Forge und Paul de Cassagnac wurden gewählt. Sie begaben sich in das Seidengeschäft, wo man ihnen den Beweis lieferte, daß der falsche Baron ein Dieb sei.

Er selbst hatte schriftliche Geständnisse gemacht und gefleht, man möchte ihn doch nicht einstecken. Die vier Personen, die man um Rat fragte, erklärten einstimmig, daß unter diesen Umständen absolut keine Satisfaktion gegeben werden könnte, und untersagten dem Herrn Scholl, den Zweikampf anzunehmen. Am andern Morgen besuchten die Herren Kapitän R. M. und de K., die sich im Namen des falschen Barons vorgestellt hatten, Herrn Scholl und versicherten ihm, daß sie das Vorleben des guten Mannes nicht gekannt hätten, daß sie aber zugeben müßten, man könne sich nicht mit ihm schlagen.

Und so zogen sie sich zurück und drückten Herrn Scholl beim Abschied die Hand."

Dieser Betrüger, Dieb, Kuppler und falsche Zeuge, dieser Freund des David Winter, der die 5000 Franken erhalten hat, war der erste Zeuge gegen mich. Wie in der Gerichts=A▓▓▓ General Boulanger, Rochefort und Dillon, bezahlte man Sträflin▓▓, um wider mich zu zeugen. Ich habe am Eingang dieser Schrift von dem abscheulichen und lächerlichen Polizeibericht gesprochen.

Gehen wir nun über zu Theodor Widerschall, dem unzertrennlichen Gefährten, dem alter-ego des Heftler.

In allen schwierigen Fällen und so oft es an Geld fehlte, hatte der junge Max Lebaudy, als er noch minderjährig war, seine Zuflucht zu dem Polen Widerschall genommen, dem steten Begleiter des Heftler, der mit dem David Winter stets in ein Horn blies.

Dieser Widerschall wohnt in der Meyerbeer=Straße Nr. 7, wo er angeblich einen Handel mit Diamanten betreibt.

In der That befaßt sich dieses Individuum mit Wuchergeschäften im großen Styl, und sein eigentlicher Beruf besteht darin, die Muttersöhnchen aufzusuchen, die in der Patsche stecken, oder diejenigen, die sich bereits auf abschüssigem Wege befinden, um dem Untergang oder der Schande in die Arme zu laufen.

Widerschall, oder vielmehr der Neger — so nennt man ihn in den öffentlichen Lokalen seiner schwarzen Hautfarbe wegen — verständigt sich so viel wie möglich auf mündlichem Wege mit seinen kopflosen jungen Leuten, und läßt sie eine gewisse Anzahl Wechsel unterschreiben. Dafür liefert er ihnen ausgestopfte Krokodile, oder irgend welche Glaswaaren, die er dann zu riesigen Preisen berechnet.

Aber hier ist er noch nicht am Ende seiner Spekulationen. In den zweideutigen Häusern, die den schlimmsten Dirnen der Hauptstadt die beste Zuflucht gewähren, ist Widerschall bekannt als abgefeimter Lieferant für seltenes Wild und neue Täubchen, die noch nicht gerupft sind.

Zu diesen angenehmen Lokalen führt er nun die Kunden, welche ihm der Zufall in die Hände spielt, damit sie dort die Banknoten, die er ihnen zu tollen Preisen verschafft hat, wieder los werden; so ist er imstande, seine Zinsen zu verzehnfachen, denn die betreffenden Kupplerinnen zahlen ihm auch eine Kommission für jeden Kopf, den er ihnen zuführt.

War das nun nicht der Mann, von dem man zuversichtlich erwarten mußte, daß er dem ausschweifenden Leben des Petit Sucrier als Mentor dienen würde?

Natürlich ließ er sich den Fall nicht entgehen und wußte die Gelegenheit beim Schopf zu fassen.

Aber ehe ich weiter gehe, muß ich etwas erzählen, was mir in der Gazette des Tribunaux aufgefallen ist. Vor etwa 14 Jahren befand sich am Vorabend von Mariä Himmelfahrt ein russischer Deserteur aus Warschau, der sich nach Frankreich geflüchtet hatte, in einen Diebstahl verwickelt, der im Maison de Blanc, boulevard des Capucines, begangen worden war.

Er wurde in seiner Wohnung verhaftet, welche damals in der Rue Richer war, und nach kurzer Zeit wurde er samt seinen Spießgesellen dem Zuchtpolizeigericht überwiesen und zu 13 Monaten Gefängnis verurteilt.

Nachdem er seine Strafe abgesessen hatte, wurde er nicht auf freien Fuß gesetzt, denn der Polizei=Kommissar Mouquin nahm ihn abermals in Haft auf Grund einer Klage, die eine Frau, die er aus seinem Lande mitgebracht hatte, gegen ihn anhängig machte.

Diese Person war jung und hübsch und der Straßenritter hatte sie, sobald er in Paris ankam, auf die Straße geworfen.

Es war sein Gut, sein Eigentum und er wollte Nutzen daraus ziehen.

Aber die Schöne verliebte sich dauernd in einen reichen jungen Italiener, dem sie von ihrem zärtlichen Beschützer vorgestellt worden war; und als er nun später dem Mädchen die Juwelen entwenden wollte, die sie von ihrem Liebhaber zum Geschenk erhalten hatte, wußte sie nichts besseres zu thun, als die Juwelen in Bankscheine umzusetzen und verfiel dann auf den schlauen Gedanken, die letzteren in . . . . ihrer Tournüre zu verstecken.

Aber ach! Sogar dieser sinnreiche Versteck entging nicht dem Scharfblick und dem außerordentlichen Spürsinn des durchtriebenen Slaven.

Es gibt auch Leute, denen gar nichts heilig ist und man errät leicht, daß der kleine Schatz aus dem interessanten Ort in die Tasche des Monsieur Alphonse wanderte, der dann in wenigen Tagen sein Geld auf den Rennen schnell wieder los wurde.

Nun erfolgten Entrüstung, Thränen und Klagen von seiten der Dame, die zur Entdeckung des Verbrechens führten.

Die Haft wurde aber nicht aufrecht erhalten, denn das arme Geschöpf fürchtete sich vor der künftigen Wiedervergeltung. So flehte sie den Kommissar an, ein Auge zuzudrücken und ihr den — Freund wiederzugeben.

Dieser Mensch war nun kein anderer als Widerschall, der Neger aus der Straße Meyerbeer, der Dieb aus dem Maison de Blanc, das Faktotum von Max Lebaudy, der Lieferant der Kupplerinnen und des aus Köln gebürtigen und in Paris wohnhaften David Winter. Von diesem Individuum wird noch eines Breiteren die Rede sein in meinem Buch: Le triomphe des Coquins.

Um heute mit ihm abzuschließen, muß ich noch hinzufügen, daß er früher als Soldat und Beamter der Lazarethe in Rußland aus seiner Stellung manches Profitchen gezogen, indem er falsche Zeugnisse mit der geschickt nachgemachten Unterschrift der Stabsärzte herstellte, durch welche sich die Beteiligten dann ihren militärischen Pflichten entziehen konnten.

Als er nun Lunte roch, begab er sich nach Paris und versuchte, was dort zu machen sei.

Und diese Art Menschen sind die Helfershelfer der Justiz, der Polizei, sie dienen als Zeugen und lassen sich bezahlen, um Mitgliedern der Regierung oder reichen Hallunken einen gefährlichen Feind vom Halse zu schaffen, der den Mut hat, sie zu entlarven, oder sie entlarven zu wollen.

Und nachdem ich dem Publikum diese erbaulichen Aufklärungen gegeben habe, werde ich die moralischen Beweise für die Unschuld des Kapitäns Dreyfus bringen. Und wenn die französische Nation noch nicht ganz entartet ist, wenn sie noch einen Rest von gesundem Menschen=

verstand hat, so wird sie einsehen, daß es sich nicht lediglich um einen juristischen Irrtum, sondern geradezu um einen Justizmord handelt.

In Europa und in Amerika versteht man das und hegt die größte Verachtung für diejenigen, welche den Unglücklichen verurteilt haben. Es ist durchaus notwendig für den Glanz des französischen Offizier-Korps, daß der Fall aufs neue untersucht wird.

Die moralischen Beweise für die Anschuld des Kapitäns Dreyfus.

Ich habe gesagt, daß die antisemitische Sippe ein Jahr vor der unglücklichen Angelegenheit den Versuch gemacht hatte, den Obersten Weill als Spion anzuklagen, aber zu jener Zeit war es mir noch möglich, dieses Bubenstück zu vereiteln.

Seit jener Zeit fuhr man fort zu intriguieren, und Dreyfus hatte das Unglück, von den Elenden zum Opfer auserkoren zu werden.

Sein Vater, Herr Raphael Dreyfus, war einer der ehrenwertesten Männer im Elsaß und einer der ersten Industriellen dieses Landes. Der Kapitän konnte ruhig leben und mit seinen Brüdern die Fabrik in Mülhausen weiter betreiben. Da er mit Leib und Seele Franzose war, so optierte er, was ihm zum Unglück gereichte, zu Gunsten dieses undankbaren Landes. Damit war er aber noch nicht zufrieden; er ist einer von denen, welche die revanche herbeisehnen, und widmete sich der militärischen Laufbahn. Aber dieser französische Patriot, den man wagte als Verräter anzuklagen, ist nicht der einzige der Familie, der dieser erbärmlichen Republik alles opfert. Sein Bruder Jacques konnte seiner Interessen wegen nicht von Mülhausen fort, aber er hat heranwachsende Kinder. Da bringt er seine eigenen Interessen zum Opfer, wandert aus, zieht nach Belfort und läßt ihnen einen Auswanderungsschein geben, damit sie nicht deutsche Soldaten zu werden brauchen und unter französischen Fahnen dienen können.

Das ist doch nicht die Handlungsweise von Leuten, welche ihr Vaterland verraten wollen.

Ich habe bereits gesagt: Dreyfus ist reich. Seine Frau ist es auch; er hatte keine Leidenschaften, also hatte er gar nicht nötig, Frankreich um des Geldes willen zu verraten. Sollte er nun diesen Verrat zu seinem Vergnügen ausgeübt haben? Man müßte wahrlich verrückt sein, um dies vorauszusetzen, denn er brauchte ja gar nicht für Frankreich zu optieren; er konnte ja Elsässer bleiben, mit seinem Geld auf großem Fuße leben, oder mit seinen Brüdern gemeinschaftlich weiter arbeiten. Aber Dreyfus, der mehr für Frankreich übrig hat, als ein ganzes Regiment Pariser zusammengenommen, denkt nichts anderes, als revanche. Er ist einer von denen, die sich noch den Illusionen hingeben, die

selbst noch bei einem entarteten Volk noch an die Möglichkeit ver=
änderter Zustände glauben. Er will großmütig zu dieser Vergeltung
beitragen; er will einer von den Heerführern werden. Er wählt also
die militärische Laufbahn, tritt in die höhere Kriegsschule ein und
bemüht sich, zu den vorzüglichsten Offizieren zu gehören. Mutig,
intelligent, fleißig, stets von der fixen Idee beseelt, das Elsaß wieder
zu erobern, ist er einer der besten, vielleicht der beste Zögling. Seine
Zeugnisse sind prachtvoll; bei allen Prüfungen wird ihm die Censur
„sehr gut" erteilt. Nachdem er die Kriegsschule verlassen hat,
zeichnet man ihn seiner trefflichen Dienste wegen aus und gewährt ihm
Zutritt in den Generalstab, wo er hintereinander in mehreren Bureaux
angestellt wurde, zur größten Zufriedenheit seiner Vorgesetzten, deren
Zutrauen er durch seine Klugheit und seine Thätigkeit gewonnen hat.
Noch sehr jung wurde er zum Kapitän des 14. Artillerieregimentes
ernannt und sofort zum Stabsoffizier des 39. Regimentes befördert.

Alle seine Vorgesetzten erklärten, er sei ein Offizier von unge=
wöhnlicher Tüchtigkeit und von glühender Vaterlandsliebe beseelt.
Zum dritten Mal wiederhole ich nachdrücklich, daß die pekuniäre
Stellung des Kapitäns eine sehr glänzende war. Von Haus aus war
er reich, heiratete obendrein eine vermögende Frau und brauchte sich
also durchaus keine Sorgen um die Zukunft zu machen. Er hielt sich
schöne Pferde, führte einen behaglichen Hausstand, ging wenig aus und
lebte nur seinem Dienst und seiner Familie. Und dieser Mann von
einem ganz musterhaften Lebenswandel, was grade nicht alltäglich ist
bei den französischen Offizieren, wurde plötzlich wegen Hochverrats ver=
haftet, trotz aller Beweise für seine Unschuld schwer verurteilt, öffentlich
degradiert und auf die Ile du Diable verbannt. Und wie der ehren=
werte **Chefredakteur der „Straßburger Post", Herr Pascal David**, es so
richtig bezeichnet, **er wurde behandelt wie der Mann mit der eisernen
Maske unter Ludwig XIV. in der Bastille.**

Jetzt, meine Herren Franzosen, nehmen Sie einmal gefälligst
Ihren gesunden Menschenverstand zusammen:

Warum sollte Dreyfus denn eigentlich sein Vaterland verraten?
Er, der Elsässer, ist doch Franzose geworden, einzig und allein aus
glühender Liebe für sein Vaterland. Auch wurde er seiner Optierung
wegen in Frankreich mit allen Rücksichten behandelt. Er hatte sich
eine glänzende Laufbahn geschaffen, hatte ungewöhnlich günstige Aus=
sichten für die Zukunft, wurde als einer der vorzüglichsten Offiziere
und als eines der tüchtigsten Glieder des Generalstabes angesehen.
Dabei war er reich, also konnte das Geld ihn nicht verlocken, sein
Vaterland zu verraten?

Welcher Beweggrund konnte ihn also zum Hochverrat verleiten?

Die psychologische Analyse läßt uns keinen einzigen entdecken.
Wenn Dreyfus schuldig ist, wenn er wirklich sein Vaterland verraten
hat, dann wäre er ein Ungeheuer, ein Schreckensbild, und gleichzeitig

ein sehr seltener Ausnahmefall, denn in diesem Fall hätte er sich eines ganz unerklärlichen Verbrechens ohne Gleichen schuldig gemacht.

Man hat zwar öffentlich mitgeteilt, daß Dreyfus seine Schuld, als er sich eines Tages allein mit einem Offizier befunden habe, diesem gegenüber eingestanden hätte, aber man hat den Mann niemals genannt.

Der „Eclair" hat in seiner Nummer vom 14. September behauptet:

„Als Dreyfus mit einem Offizier der Bureaux unter vier Augen war, hat er in einem Augenblick der Verwirrung eingestanden, dann hat er sich wieder gefaßt. Und dies Geständnis ohne einen Dritten ist ein ungenügendes Zeugnis. Derjenige aber, der das Geständnis angehört hat, ist ein braver Mann (sic!), über jeden Zweifel erhaben (sic!) und sein Wort wird von keinem seiner Kameraden bezweifelt".

Diese Behauptungen des unbekannten „braven Mannes" sind vollständig widerlegt worden. Dieser brave, über jeden Zweifel erhabene Mann, dessen Wort Niemand beanstandet, existiert gar nicht. Dreyfus hat bis zum letzten Augenblick seine Unschuld beteuert; während der Verhandlungen, während der öffentlichen Degradation, überall hat er erklärt, ein Opfer zu sein.

Und dieser Unglückliche, der die Seinen zärtlich liebt, hat bei dem Haupt seiner Gattin und seiner Kinder geschworen, daß er niemals das Verbrechen, dessen man ihn anklagte, begangen hat.

Zum Beweis, daß er niemals dem „braven Mann" etwas eingestanden hat, lese man folgendes:

Der Henker = Commandant du Paty de Clam, welcher die Voruntersuchung vor der Verhaftung geleitet hatte, begab sich nach dem Gefängnis von Cherche-Midi und fragte Dreyfus im Namen des Kriegsministers, ob er seine Schuld eingestehen wolle. — „Ich bin unschuldig" versetzte der Kapitän, „ich habe nichts zu gestehen!" — „Sollten Sie nicht irgend eine Unvorsichtigkeit begangen haben; sollten Sie nicht vielleicht einen fremden Agenten durch Geld verlockt haben?" — „Ich kenne keinen Agenten, ich habe niemals derartige Beziehungen gehabt" erwiderte der Kapitän, „ich bin unschuldig an allem, dessen man mich beschuldigt". — Dann erklärte der Henker, der so sehr zum Unheil des unglücklichen Mannes beigetragen hat, „wenn Sie die Wahrheit sagen, dann sind Sie der größte Märtyrer dieses Jahrhunderts!"

Und aus seinem Gefängnis zu Cherche-Midi hat der Kapitän nach der Abreise des du Paty de Clam folgenden Brief an den Kriegsminister gerichtet:

Herr Minister!

„Ich habe auf Ihren Befehl den Besuch des Kommandanten du Paty de Clam empfangen und habe demselben erklärt, daß ich unschuldig bin, und daß ich niemals die geringste Unvorsichtigkeit begangen habe.

Ich bin verurteilt; ich kann keinerlei Gnade mehr erflehen; aber im Namen meiner Ehre, die mir hoffentlich eines Tages wieder gegeben wird, habe ich die Pflicht, Sie zu bitten, Ihre Nachforschungen fortzusetzen.

Bin ich erst fort, so möge man weiter suchen, das ist die einzige Gnade, die ich erheische.

Alfred Dreyfus."

Wenn also Dreyfus unschuldig ist — und darüber herrscht kein Zweifel —, dann ist Dreyfus, der vornehme Offizier, dem man die Epauletten abgerissen und den Säbel zerbrochen hat vor einer Menge, die ihn mit Schmähungen überhäufte, den man auf eine wüste Insel verbannte, in ein mörderisches Klima, den man auf ewig von dem trennte, was ihm das liebste war auf der Welt, dann ist er, wie schon sein Henker es ausgesprochen hat: **der größte Märtyrer dieses Jahrhunderts**.

Als Dreyfus verhaftet wurde, wurde er eines Schriftstückes wegen angeklagt, das sich in einem Papierkorb der deutschen Botschaft gefunden haben soll. Eine einfältige Anklage! Wäre das wahr, so hätte die deutsche Botschaft eine große Nachlässigkeit begangen einerseits, und zweitens wäre das ein Beweis, daß die französische Regierung Subjekte unterhielte, um . . . in der deutschen Botschaft zu stehlen.

Daß die französische Regierung imstande ist, Einbrecher auf ihre Rechnung zu halten, das weiß jedermann; man hat ja Leute wie Andrieux, Clément, Vidocq und Konsorten bei der Arbeit gesehen.

Und wenn die Handschrift des Kapitäns nicht von einem seiner Kameraden nachgeahmt worden ist, so unterliegt es keinem Zweifel, daß dies auf der Präfektur der Polizei geschah, wo eine besondere Werkstatt für diese Art Arbeit besteht. **Die deutsche Botschaft hat sofort erklärt, daß sie niemals irgend welche Beziehungen zu dem Kapitän Dreyfus gehabt hätte, daß sie gar keine Ahnung von seiner Existenz hätte, und daß sie seinen Namen nur aus den Zeitungen kenne.**

Dieses Dementi ist amtlicher Art.

Man lese den Bericht, den Montville in dem „Journal" vom 16. September 1896 gibt:

„Gegen Ende September 1894, als man eine „Ausflucht" in den Bureaux des Generalstabes vom Kriegsministerium festgestellt hatte, und als man so weit gekommen war, sich die Photographie eines Briefes zu verschaffen, welchen die deutschen Militär-Attachés an ihre Kollegen der italienischen Botschaft sandten, beschäftigte man sich damit, die Schuld des Kapitäns Dreyfus klar festzustellen. Das war keine leichte Sache; man mußte allerlei Kriegslisten gebrauchen, aber endlich

wurden die Nachforschungen, die auf dienstlichem Wege vom Kriegs=
ministerium angestellt wurden, von Erfolg gekrönt.

Es befand sich in der deutschen Botschaft ein sehr naiver und
gefälliger Bureaudiener, dessen einziges Amt darin bestand, die Bureaux
zu kehren, aufzuräumen und abzustäuben. Dieser Diener, der sehr
wenig verdiente und sehr auf Geld versessen war, versäumte keine
Gelegenheit, seine mageren Einnahmen durch allerhand kleine Neben=
verdienstchen aufzubessern. Diese Geldgier hat ihn zu Grunde gerichtet.

Seit mehreren Jahren verkaufte er einem Lumpenhändler die
Schnitzel, die er in den Papierkörben der deutschen Botschaft fand,
obgleich man ihm streng eingeschärft hatte, alles was er beim Auf=
räumen aufhob, zu verbrennen. Dieser Mensch ahnte nicht, daß in
den zersetzten Papierschnitzeln, die er aufhob, für gewisse Leute Dinge
von höchster Wichtigkeit sein konnten. Nun befand er sich eines Tages,
im Augenblicke als er aus dem Hause Rue de Lille n° 78 heraus=
trat, zwei Lumpenhändlern gegenüber, die ihn sehr höflich anredeten.

Entschuldigen Sie, mein Herr. Sie verkaufen alte Papiere, die
Sie täglich aufheben, an einen Händler, der Ihnen sozusagen nichts
dafür gibt; der Mann beutet Sie aus. Wenn Sie mit uns Geschäfte
machen wollen, können Sie etwas Ordentliches verdienen.

Die Unterhaltung währte einige Minuten; dann wurde der
Handel abgeschlossen und besiegelt, und zwar vor dem Comptoir einer
Weinschänke. Am andern Tage drangen die beiden Lumpensammler,
welche jetzt mit dem Diener der deutschen Botschaft im besten Ein=
vernehmen waren, in das Haus der Rue Lille und ließen sich alle
Papiere verabfolgen.

Eine Woche lang kamen sie regelmäßig jeden Morgen. Von
Zeit zu Zeit boten Sie dem Jungen ein Gläschen an, der auch als
guter Deutscher dieser kleinen Stärkung nicht abhold war. Nachdem
die Lumpensammler ihren Auftrag ausgerichtet hatten, gingen sie fort,
machten mehrere Umwege, dann kamen sie auf die Staden, wo ein
Mann ihre Körbe abhob, die dann in einem Wagen sofort an das
Kriegsministerium gefahren wurden. Dort suchte man den Inhalt
sorgfältig aus. Endlich wurde die Aufmerksamkeit eines Tages auf
folgende Worte gelenkt, die sich auf einem Stückchen Konzeptpapier
geschrieben fanden:

Ich werde Ihnen sehr bald senden .... Manöver des Ge=
schützes ... Madagaskar ... wann ich sein werde ....

Man suchte die andern Stücke des Briefes, der in 4 × 4 Teile
zerrissen war, so daß 16 Bruchstücke da waren, und setzte das Schrift=
stück zusammen, das sich zum Hauptbeweis gestalten und den Schuldigen
niederschmettern sollte."

Der Bericht, den der „Eclair" darüber gab, ist noch einfältiger.

Ich wiederhole es: Das Dementi der deutschen Botschaft
ist ein amtliches. Außerdem muß man doch furchtbar dumm sein,

um anzunehmen, daß ein deutscher Botschafter so nachlässig sei, daß er ein so wichtiges Schriftstück einfach in den Papierkorb wirft.

Dieses Komplott wurde geschmiedet, um einen jüdischen Offizier ins Verderben zu stürzen und die jüdischen Offiziere in der Armee herabzusetzen.

Aber bald sah man ein, daß dies alles noch nicht stichhaltig war, und erfand dann eine noch abenteuerlichere Fabel:

Der Kapitän Dreyfus wäre verhaftet und verurteilt worden wegen eines chiffrierten Briefes, den der deutsche Militär=Attaché auf der deutschen Botschaft zu Paris seinem italienischen Kollegen geschickt haben soll, und dieser chiffrierte Brief, in dem man sagte: „Wahrhaftig, dieses Rindvieh Dreyfus fängt an, sehr lästig zu werden," dieser chiffrierte Brief wäre unterwegs gelesen und photographiert worden. Na, die französische Regierung muß wahrhaftig eine erbärmliche Idee von der Intelligenz des französischen Volkes haben, um ihm derartige Ammenmärchen aufzubinden.

Aus dieser Anklage ginge also klar hervor:

1. Daß die deutschen und italienischen Militär=Attachés in Paris, welche alle Tage mündlich miteinander verkehren können, einen chiffrierten Briefwechsel unterhalten.

2. Daß die französische Regierung auf der Postverwaltung ein dunkles Kämmerlein besitzt, wo man die Briefe öffnet, bevor man sie an ihren Bestimmungsort gelangen läßt.

Das weiß ich schon lange. Die Franzosen können nicht korrespondieren, ohne daß die widerwärtigen Kerle aus diesem Kabinet ihre Nase hineinstecken.

Man sehe einmal den Unterschied zwischen der nichtsnutzigen Republik und dem monarchischen Deutschland, wo der große General=postmeister Stephan von oben herab das stolze Wort sprechen durfte: „In Deutschland ist die Unverbrüchlichkeit des Postgeheimnisses so heilig, wie die Bibel auf dem Altar!"

3. Daß die französische Regierung durch die geheime Polizei der schwarzen Kammer die Briefe, welche die Militär=Attachés von Deutschland und Italien wechselten, öffnen und photographieren ließ, und daß sie es fertig brachte, diese Korrespondenz zu entziffern.

Was ich so eben unter Nr. 1 andeutete, ist so unwahrscheinlich und lächerlich, daß die französischen Blätter es schon besprochen haben, und damit der schlechte Eindruck, den diese Fabel hervorbrachte, bald wieder vergessen würde, veröffentlichte der „Temps" noch eine größere Dummheit und sagte: „Daß der Austausch von Briefen zwischen Militär=Attachés in Paris und Rom stattgefunden habe.

Dagegen sagt der „Eclair":

„Im September 1894 richteten die Militär=Attachés der deutschen Botschaft an ihre Kollegen von der italie=

nischen Botschaft einen Brief, der unterwegs gelesen und photographiert wurde."

Man sehe doch! Die Regierungen suchen sich doch nicht grade die Allerdümmsten zu ihren Militär-Attachés aus. Es ist also nicht anzunehmen, daß der deutsche Offizier, der in Paris ein Amt bekleidet und der, wie ich schon sagte, alle Tage mündlich mit seinen Kollegen verkehren kann, so einfältig wäre, Mitteilungen von solcher Wichtigkeit einem Briefe, wenn auch in Chiffern, anzuvertrauen.

Das alles beweist, daß diese Geschichte im Dunkeln spielt und daß der Prozeß Dreyfus eine Infamie sondergleichen ist.

Die Erklärung des „Temps", wie ich auch bereits sagte, ist noch alberner, denn jedermann weiß, daß der Austausch von Depeschen zwischen der Botschaft und der Regierung nicht auf postalischem Wege, sondern durch Kuriere erfolgt.

Nicht genug, daß man Madame Dreyfus ihren Gatten wegschleppte: es gab sogar Ungeheuer, welche versuchten, ihr den natürlichen Beistand ihres Vaters zu rauben, indem sie den letzteren anklagten, selbst die Schriftstücke nach Rom gebracht zu haben. Und als diese heldenmütige Frau, die geradezu erhaben war in ihrer Treue und Selbstverleugnung und vor der die Welt sich in Ehrerbietung neigen müßte, in den Kammern den Antrag stellte, man solle den Prozeß einer Revision unterwerfen, da mißbrauchte ein elender Feigling, dem man auf der Tribüne die Bezeichnung „honorable" an den Kopf wirft, seine parlamentarische Unverletzlichkeit und machte sich zum Echo der Schmähungen. Der erbärmliche Mensch wußte, daß der Schwiegervater ihm nichts anhaben konnte, dieser Wicht unter dem Namen Chassaing wußte, daß er nicht einmal Gefahr lief, von dem Vater der Madame Dreyfus einen Tritt in seinen Fettwanst zu bekommen. Denn die Gesetze dieses schönen Landes sorgen dafür, daß der Beleidigte auch noch für seine berechtigten Fußtritte die Strafe bezahlt.

Nachdem glücklicherweise die „Revue antisémite" den Blödsinn des besagten Chassaing gebracht hatte, war Herr Hadamard imstande, die Justiz zu zwingen, ihm Recht zu verschaffen.

Herr Demange ist verhindert worden, seinen Klienten zu verteidigen; man hat ihm nicht einmal den Brief gezeigt, den der Kriegsminister Mercier im letzten Augenblick dem Kriegsrat vorwies, als dieser noch sehr überlegte und sehr zur Freisprechung geneigt war. Es scheint dies der berühmte Brief zu sein, den man auf dem Wege von der deutschen Botschaft bis zur italienischen Botschaft photographiert zu haben behauptet und der am 20. September von dem Obersten Sandherr, Vorsitzenden des Statistischen Büreaus, entziffert und dem General Mercier eingehändigt worden ist.

In diesem jedenfalls gefälschten Brief findet sich die Stelle: „Wahrhaftig, dieses Rindvieh, dieser D., fängt an, sehr anmaßend zu werden." Der Name Dreyfus ist gar nicht darin, wie es der „Eclair" behauptet. Dieser von einem Fälscher herrührende Brief, der gerade im letzten Augenblick ankommt, um einen entscheidenden Einfluß auf den Kriegsrat auszuüben, ist niemals in der deutschen oder der italienischen Botschaft gewesen.

Deshalb hat man ihn auch weder dem Verteidiger, noch dem Angeklagten vorgezeigt.

Uebrigens war dieser Brief eines Fälschers in gewöhnlicher Schrift, nicht in Chiffern geschrieben.

Wie dem auch sein mag, er ist dem Verteidiger nicht eingehändigt worden, und Herr Demange hatte wohl Recht, als er sagte: „Wenn man solche Mißbräuche der öffentlichen Gewalt duldet, solche willkürliche Maßregeln zuläßt, so ist jedermann in seiner persönlichen Freiheit gefährdet; man ist von der Gnade oder Ungnade des Ministeriums abhängig, und man raubt jedem Bürger die Gewähr der allereinfachsten Verteidigungsmittel."

Es war überflüssig, einen Kriegsrat für den Prozeß Dreyfus zusammen zu berufen. Die Regierung konnte ebenso gut durch die Kammern die berüchtigten Haftbefehle, die lettres de cachet, und den Wiederaufbau der Bastille abstimmen lassen.

Es ist noch nicht aller Tage Abend. Wenn das französische Volk nicht aus seiner Betäubung erwacht, wenn es in seiner Entartung weiterschreitet, so werden die unwürdigen Nachkommen der Helden von 1789 und der großen Armee es erleben, daß die „lettres de cachet" unter der dritten Republik wieder eingeführt werden.

Der sachverständige Bertillon.

Der obengenannte ist ein verkommenes Subjekt oder ein abgefeimter Spitzbube. Während seiner Aussage vor dem Kriegsrat, also während der dreistündigen Sitzung, war er für Alle unverständlich, was der Regierungs-Kommissar Kommandant Brisset auch ausgesagt hat. Dieser verrückte Kerl behauptet, er habe in dem Bordereau mit Hülfe eines Spezialverfahrens die Summe entdeckt, welche der Kapitän für seinen Verrat empfangen habe, nämlich: 500 000 Franken.

Und der unglückliche Kapitän sitzt auf der Insel Ile du Diable, während Bertillon und die Richter, welche kaltblütig diese Aussage anhörten, nicht in den Irrenzellen von Clarenton eingesperrt sind!

Bernard Lazare bemerkt sehr richtig in seiner Broschüre:

Wenn man behauptet, derartige Mittel zu besitzen, um einen Rechtsfall zu ergründen, und wenn man als vereidigter Sachverständiger Freiheit und Ehre seiner Mitmenschen in der Hand hat, dann wird man ein gefährlicher Wahnsinniger.

Bertillon gehörte natürlich zu den drei Sachverständigen, welche ausgesagt haben, das Schriftstück sei von dem Kapitän geschrieben; die beiden Sachverständigen, welche in ihrem Bericht das Gegenteil ausgesagt haben, sind die Herren Gobert und Pelletier.

An den Citoyen Henri Rochefort,
Chefredakteur des „Intransigeant".

Citoyen Henri Rochefort, Sie sind in demselben Fall gewesen, wie der Kapitän Alfred Dreyfus. Was sage ich? Ihr Fall war viel ernster. Sie sind vom höchsten Gerichtshof zu lebenslänglicher Deportation verurteilt worden, weil Sie die Republik für hunderttausend Franken verraten haben sollen, und mit Hülfe des Generals Boulanger und des Grafen Dillon das Land zu abenteuerlichen Unternehmungen verleitet haben sollen, deren Endresultat die Zerstückelung von Frankreich war.

Als kluger Mann haben Sie die Flucht ergriffen, sonst säßen Sie jetzt auch auf irgend so einer Ile du Diable, denn wenn Sie Vorteil aus der Amnestie ziehen konnten, so geschah das einzig und allein, weil Sie von London aus fortfuhren, tüchtig auf die Regierung und die Parlamentsmitglieder loszuschlagen, und diese Herren haben Sie lieber unter der Hand.

Natürlich haben Sie von London aus voller Unwillen gegen Ihre Verhaftung Widerspruch erhoben.

Sie nannten Constans Räuber und Mörder. Thévenet wurde nicht verschont; die Senatoren, Ihre Richter waren käufliches Gesindel, Canaille und wer weiß was.

Manches Mal haben Sie in heftiger Weise den Kriegsrat angegriffen.

Immer haben Sie behauptet, daß man Richter leicht kaufen kann.

Aber, Citoyen Henri Rochefort, Sie bleiben Ihrem Charakter nicht getreu.

Sie behaupten — und darin stimme ich Ihnen bei —, daß Ihre Richter Schurken sind; dahingegen behauptet Ihre Zeitung, daß der Kapitän Dreyfus schuldig sei, denn er sei einstimmig vom Kriegsrat verurteilt worden.

Bedenken Sie doch, daß Sie vom Senat ebenfalls einstimmig verurteilt worden sind, daß Ihre Richter vorher öffentliche Debatten gepflogen haben. Der Kapitän dagegen wurde im Geheimen, bei verschlossenen Thüren verurteilt, ohne daß man genau den Beweggrund kennt, auf den die Richter ihr Urteil gefußt haben.

Sie müssen also einsehen, daß ihre Handlungsweise nicht folgerichtig ist und daß Sie nur halbe Arbeit machen.

Ihre Pflicht ist Ihnen vorgezeichnet. Sie müssen die Wiederaufnahme des Prozesses Dreyfus verlangen, und zwar aus zwei Gründen:

1) um mit dem, was Sie bisher geschrieben haben, in Einklang zu bleiben,

2) als guter Franzose, der Sie doch sein wollen, um das Ansehen des französischen Offiziercorps im Ausland wieder herzustellen, denn ich versichere Ihnen, das Ansehen desselben hat durch die Verurteilung des Kapitäns gewaltige Einbuße erlitten.

Wenn man sich in den Wirtshäusern der Boulevards von Paris herumtreibt, kann man sich allerdings keine Rechenschaft davon geben, was man über diese Angelegenheit denkt, in Amerika, in der Schweiz, in Elsaß-Lothringen und überhaupt in ganz Deutschland, aber der Eindruck in all diesen Ländern ist wahrhaft trauriger Art.

Man verlangt nicht die Befreiung des unglücklichen Gefangenen von Ile du Diable, man verlangt nicht seine Begnadigung; denn man ist von seiner Unschuld überzeugt, und man verlangt keine Gnade für Leute, die nichts gethan haben. Man verlangt nicht einmal, daß er, wie Sie, die Vorrechte der Amnestie genießen soll, man verlangt einfach **Gerechtigkeit, Gerechtigkeit im vollen Umfang.** Eine Revision des Urteils, eine neue gründliche und unparteische Untersuchung, aber eine öffentliche, einen neuen Prozeß, nicht bei verschlossenen Thüren, sondern öffentlich, und wenn sich dann noch herausstellt, daß der Kapitän schuldig ist, o! dann wird sich die ganze Welt vor dem Urteilsspruch beugen, und die Verachtung, die man heute den Offizieren des Kriegsgerichts zuteil werden läßt, weil sie den Kapitän Dreyfus verurteilt haben, wird sich in Hochachtung verwandeln. Stellt sich dahingegen heraus, daß der Kapitän unschuldig ist, so muß seine Ehrenrettung eine vollständige sein, und wenn er frei ist, so muß sich jedermann die Aufgabe stellen, bei den Nachforschungen behilflich zu sein, welche zur Entdeckung der erbärmlichen Anstifter des höllischen Gewebes führen.

Ich wiederhole, was Sie früher geschrieben haben, macht Ihnen das Verlangen nach dieser Revision zur strengsten Pflicht, und wenn dieselbe nur durch Stimmenmehrheit in den Kammern bewerkstelligt werden kann, nun so verlangen Sie unaufhörlich diese Abstimmung.

Wenn Sie dahingegen nicht auf diesen weisen Rat hören; wenn Sie dabei beharren zu sagen: Dreyfus ist schuldig, weil er bei verschlossenen Thüren vom Kriegsrat verurteilt worden ist, so wird die ganze Welt sagen: Henri Rochefort würde jetzt, wenn er nicht die Flucht ergriffen hätte, ebensogut ein Gefangener sein, wie Dreyfus; wenn er der Amnestie teilhaftig wurde, so geschah das, weil er die Glieder der Regierung aus sicherer Ferne ärgerte, und weil ihn diese lieber unter ihren Händen hatten. Aber, so wird es dann heißen: Henri Rochefort ist ein Elender. Er ist schuldig, denn er wurde trotz öffentlicher Verhandlungen von seinen Richtern, von ehrenwerten Senatoren, die zur Zeit seines Prozesses den höchsten Gerichtshof vertraten, einstimmig verurteilt.

Sie kommen aus dieser Logik nicht heraus: Wenn Ihre Richter Schurken waren, wenn sie bei Ihrer Verurteilung eine Schändlichkeit begangen haben, warum sollten sie einem jüdischen Offizier gegenüber nicht dasselbe thun?

Wenn Dreyfus aber schuldig ist, weil seine Richter ihn verurteilt haben, dann sind Sie es auch, denn Sie sind ebenfalls verurteilt worden, und dann bleibt nichts anderes mehr übrig, als daß Sie beide erbärmliche Kerle sind.

Um zu beweisen, daß Sie unschuldig verurteilt worden sind, müssen Sie der erste sein, der zugibt, daß sich Dreyfus in demselben Fall befinden kann. Dann aber ist es Ihre Pflicht, darauf zu dringen, daß man diese geheimnisvolle Sache aufkläre, und das kann nur durch die Revision des ganzen Verfahrens geschehen.

Der Antisemitismus in Frankreich.

Man muß zuerst die schlimmen Folgen des Antisemitismus nachweisen und aus dem Bösen, das schon geschehen ist, auf das künftige Unheil schließen, welches von den Aufwieglern und ihren Untergebenen noch angestellt wird, wenn die Regierung da nicht unverzüglich einschreitet.

Es gibt eine traurige Bilanz, wenn man auf der einen Seite materielle, auf der andern Seite geistige Verkommenheit findet, wenn in Staat und Gesellschaft alle Bande gelockert sind, weil in den öffentlichen Beziehungen, in der staatlichen Einheit keiner sich mehr auf den andern verlassen kann.

Dieser unrettbare Untergang der Dinge wird von den Anstiftern heraufbeschworen, die unaufhörlich an ihren verruchten Plänen arbeiten, durch Mittel, die ich immer wieder bekämpfen muß. Ich habe diese Mittel schon oft angedeutet und ich predige stets aufs neue, gegen dieselben auf der Hut zu sein.

Diese Mittel sind:

Anreizung zu gegenseitigem Haß der Bürger. Schreckniffe und Schädigung im Handel. Die Discreditierung der wichtigen Wertpapiere, unsinnige Börsengeschäfte, gewaltige Baisse auf Staatspapiere. Die unvermeidlichen Folgen sind zahlreiche Bankerotte. Schließlich unter dem Deckmantel einer Reform und moralischer Besserung soziale

Forderungen, Voraussagen eines Aufstandes und Aufwiegelung zu Empörung und zum Umsturz der Republik.

Kann man gefährliche Umtriebe wie die genannten dulden? Liegt nicht das Getriebe gegen die Sicherheit des Staates klar vor Augen? Und begünstigen nicht alle diejenigen die Unordnung, welche durch ihre Zeitungen oder ihre Zusammenkünfte dazu beitragen, daß das Ansehen untergraben wird und der Handel stockt?

Wenn Frankreich an einem so grausigen Krebsschaden leidet und sich in der Ungewißheit des kommenden Morgens verzehrt, so hat es die Verantwortung dafür einzig und allein jenen Leuten und der traurigen Regierung seines Landes zuzuschieben.

Und wer sind diese Leute?

Ein Häufchen ehrgeiziger, herabgekommener Menschen, und solcher, die das Gleichgewicht verloren, Sektierer, hirnverbrannte Leute, Führer von jederlei Parteien und Gruppen, welche durch geheime Machinationen der Jesuiten zu einer trügerischen, kurzlebigen Verbindung zusammengewürfelt sind — zu gleicher Zeit in Thätigkeit, und meistens im Dunkeln tappend, in gegenseitiger Verachtung, neidisch, mißgünstig, einander hassend und fürchtend, heute Verbündete zum Angriff und zur Zerstörung, fest entschlossen, sich morgen gegenseitig aufzufressen, wenn sie — zum Unglück Frankreichs — die Zügel in die Hände bekämen.

Was zeigen Sie uns?

Die Anarchie.

Fragt einmal jeden dieser vorgeblichen Weltverbesserer, welches seine Grundsätze sind; fragt einmal diese stolzen Reformatoren, welches ihr Programm ist.

Sie haben keins.

Außer einigen hohlen Redensarten, ein paar abgedroschenen Gemeinplätzen, einigen großsprecherischen utopischen Träumen, wissen sie nichts, sind zu nichts fähig.

Das ewige Nichts.

Wohin würden die Zustände führen, wenn diese Aufrührer das steuerlose Staatsschiff ohne Kompaß lenkten, wenn Leute, die selbst nicht imstande sind, die öffentliche Entartung zu verhindern, jetzt die Herren des Landes würden?

Wenn man Anspruch darauf erhebt, Reformen zu machen, die soziale Lage eines Volkes zu verbessern, so muß man eine ganz ausgearbeitete Verfassung in Bereitschaft haben, die man dem Volke anbieten kann.

Wo ist denn diese neue Verfassung?

Wie ist sie beschaffen?

Also das, was diese Leute predigen, ist vorläufig nur Empörung, Zerstörung des Bestehenden; anderes wissen sie nichts zu ersinnen oder auszuführen. Ich hatte also wohl Recht, wenn ich von Anarchie sprach.

Und die Anarchie ist der gemeinsame Feind.

Seit der endgiltigen Schaffung der Republik ist die Zeit der plötzlichen Umwälzungen vorüber. Der Fortschritt vollzieht sich nach den Gesetzen der allmählichen Fortentwicklung. Was verlangt das Land? Erwerb. Was fordert das Volk? Mehr allgemeinen Wohlstand, um infolgedessen die Stellung des Einzelnen zu verbessern. Was brauchen wir also? Ordnung und Festhalten am Bestehenden.

Wir sind für Ordnung und Ruhe; wir sind die Konservativen. Die Andern sind die Vertreter des Aufruhrs.

Die Regierung hat die Pflicht, das Volk gegen ihre Aufreizungen zu schützen. Und wenn sie das thut, so schützt sie die allgemeine Wohlfahrt und Sicherheit, so schützt sie ihre eigene Existenz.

Der Jude ist der angegriffene Teil; aber man macht ihm sein Dasein zum Vorwurf.

Und man bedenke es wohl, nicht nur in Frankreich arbeiten die Juden mit an der Wohlfahrt des Landes, während die Antisemiten an seinem Untergang arbeiten; wir finden dieselbe Erscheinung in Deutschland, in Oesterreich=Ungarn.

Alle diejenigen, welche mir gefolgt sind bei meinem Kampf gegen den Antisemitismus, sind erstaunt, daß sie mich nach allen moralischen Leiden, die ich habe erdulden müssen, noch so mutig und thatkräftig finden.

Ja, ich bin immer derselbe. Ich werde fortfahren, die Juden zu verteidigen, wenn sie von den abscheulichen Judenhetzern systematisch angegriffen werden, aber ich werde auch der erste sein, der unter Juden und Nicht=Juden diejenigen angreift, die keine graden Wege gehen, die durch ihre Handlungsweise die Veranlassung werden, daß die kleinen Leute zu Grunde gehen. Ich werde die Gewinnsüchtigen, die alles an sich reißen, ebensowenig schonen, wie diejenigen, welche das Volk aussaugen.

Ich werde, wie ich es auch früher gethan habe, mit aller Energie die Klasse der fleißigen Arbeiter verteidigen, wie ich es noch jüngst that, als ich durch Mülhausen kam. Da kamen meine Kollegen, um mir ihre Glückwünsche auszusprechen, und ich danke hier dem ehrenwerten Leiter des „Journal d'Alsace" für den liebenswürdigen Artikel, in welchem er mir seine Anerkennung ausspricht. Er lautet wie folgt:

„Herr Henri Strauß, der Chef=Redakteur der „Alliance Nationale", befindet sich in Straßburg, wo er im „Hotel de France" abgestiegen ist.

Man weiß, wie mutig unser Kollege den Antisemitismus bekämpft hat, und mit welcher Energie er diese Aufgabe weiter fortsetzt. Als Herr Strauß kürzlich Mülhausen berührte, hat er noch Gelegenheit gefunden, sich dort der kleinen Beamten anzunehmen. Die großen Modegeschäfte wurden nicht vor 10 oder 11 Uhr abends geschlossen. Unserm Kollegen gebührt das Verdienst, daß bei dem Notar Krieger ein Abkommen getroffen und unterzeichnet worden ist, laut dessen die

Ladenbesitzer sich verpflichteten, ihre Läden abends um 8 Uhr zu schließen; im Uebertretungsfall zahlen sie 100 Mark an die Armenkasse. Herr Strauß macht sich anheischig, in allen Städten, die er berührt, denselben Vorschlag zu machen, und wir danken ihm für dieses menschenfreundliche Werk.

Unser Kollege hat ein Buch über den Fall Dreyfus geschrieben. Dieses Buch wird in Straßburg verlegt werden und viel Aufsehen erregen. Wir behalten uns eine künftige Besprechung desselben vor. Die „Alliance Nationale", die eingegangen war, wird im nächsten Monat wieder erscheinen. Wir wünschen unserem mutigen Kollegen dazu den besten Erfolg."

Ja, ich wiederhole es: Schweigen werde ich nicht, und wenn man mir auch das Messer an die Kehle setzt.

So lange ich die Feder und den Degen führen kann, so lange ich noch eine Zunge zum Reden habe, soll mich kein Mensch in der Welt daran hindern, zu sagen und zu schreiben, was ich denke; z. B.: „J'appelle un chat un chat, et Winter un fripon", ich nenne eine Katze — Katze, und Winter einen Spitzbuben (nach Boileau).

Schluß.

Die Broschüre ist fertig. Nach reiflicher Ueberlegung und nachdem ich meine Freunde um Rat gefragt habe, entschließe ich mich noch, nachstehendes hinzuzufügen:

Derjenige, der mir die Aufklärungen gegeben hat, darf ohne Sorge sein. Was auch geschehen mag, ich lege einen Eid darauf ab, den Namen nie zu nennen; er hat also nichts für sein Fortkommen zu befürchten.

Jeder vernünftige Mensch, der die Broschüre von Bernard Lazare und die vorliegende gelesen hat, wird von der **Unschuld des Kapitäns Dreyfus** überzeugt sein und keinen Augenblick anstehen, zu erklären, daß überhaupt kein Zweifel mehr über den Fall besteht; daß die Angelegenheit des Gefangenen von Ile du Diable verdächtig ist, und daß eine Infamie dahinter steckt.

Jedermann weiß, daß ich Freunde im Kriegsministerium hatte und daß ich bei der Abreise des Obersten Mourlon nach Tonking einen Marsch für sein Regiment komponiert hatte.

Nun wohl, einer meiner Freunde, der in Beziehungen zu dem Kriegsministerium steht, hat mir mitgeteilt: **daß kurze Zeit nach der Abreise des Märtyrers von Ile du Diable man im Kriegsministerium die Ueberzeugung hegte, eine Ungeschicklichkeit begangen zu haben.**

Um nun den schlechten Eindruck, den diese Verurteilung im Ausland gemacht hat, einigermaßen zu verwischen, sagte man, **der**

Kapitän sei nicht des Schriftstücks wegen verurteilt worden, sondern weil er den Plan über die Verteidigung der Alpen an Italien ausgeliefert habe.

Nun wohl! Wenn man das System der Verteidigung geändert hat, so besteht ja dasjenige, welches vor der Verurteilung des Kapitäns vorhanden war, nicht mehr. Es liegt also keine Gefahr vor, wenn der Prozeß wieder aufgenommen und die Verhandlungen öffentlich geführt werden.

Ich habe ebenfalls von meinem Freund erfahren:

Daß man im Kriegsministerium überzeugt ist, der Kapitän sei unschuldig, aber man wagt keine Schritte zu thun; man fürchtet die Presse und man will lieber den Unschuldigen opfern, als das Ansehen des Kriegsgerichtes, das ihn verurteilt hat, schädigen.

Ist das nicht unmenschlich?

Ich habe es schon gesagt: Das ist ein Irrtum. Auf diese Weise wird man nicht in Amerika und in Europa das Ansehen des französischen Offizierkorps retten. Das kann nur durch zweierlei Mittel geschehen:

Wiederaufnahme des Verfahrens. Neue unparteiische Untersuchung. Oeffentliche Verhandlungen.

Eines Abends war ich in Frankfurt im Café Milani. Ein Angestellter der Bibliothek, der grade den Figaro las, sprach seine Verwunderung darüber aus, daß die Pariser Zeitungen so wenige Annoncen enthielten im Vergleich zu den amerikanischen, englischen und deutschen Blättern; er fragte dann, wie diese Blätter eigentlich bestehen könnten. Einer der größten Journalisten von Deutschland, der sich in unserer Gesellschaft befand, antwortete: „Die großen französischen Zeitungen bedürfen keiner Inserate; die leben von Erpressungen."

Und so wird es gemacht: Wenn in Frankreich ein Mann den Mut hat, zu sagen, was er denkt, wenn seine Feder nicht käuflich ist, so wirft man ihn wegen Erpressungs-Versuchs ins Gefängnis, aber Leute, welche zwei Millionen von Panama bekommen, um durch diese Art der Erpressung zu helfen, Tausende von kleinen Rentnern, früheren kleinen Beamten und Dienstboten, dem Elend preis zu geben, die ernennt man zu Senatoren.

Es gibt nichts Ergötzlicheres in dieser Hinsicht als die Unterredung zwischen M. Rouanet und Cornelius Herz, dem Diabetiker, dem Freund des Andrieux in Bournemouth. Sie fand vor einigen Tagen statt und wurde am 16. Juli 1897 besprochen vom Moniteur des chiens de ces petites dames („Le Figaro"). Diese merkwürdige Unterredung beweist nicht nur, daß die Pariser Presse Geld bekommen hat, sondern auch, daß Andrieux nicht der einzige Freund des Herz ist. Hanotaux, Minister der „fremden Angelegenheiten" (jener Angelegenheiten, die ihm vollständig fremd sind), dieser famose Hanneton ist ebenfalls einer der besonderen Freunde des Cornelius Herz.

Die Unterredung in Bournemouth.

„Cornelius Herz ist in den Vordergrund getreten und spielt eine Rolle in der Untersuchungs-Kommission für Panama. Seit gestern wird er „interviewt", da die zwei Abgeordneten, die Herren Rouanet und Plichon, sich nach Bournemouth begeben haben, um ihn vorläufig auf die Echtheit seines Briefes an Herrn Vallé auszufragen.

Herr Doctor Herz, der in weißen Flanell gekleidet war und sich bequem in einem großen Ruhesessel ausgestreckt hatte, empfing nun die beiden Gesandten des Palais-Bourbon in seinem Schlafzimmer, und als die Herren Plichon und Rouanet ihn ersuchten, die Echtheit seiner Unterschrift zu bestätigen, glitt ein lebhaftes Lächeln über seine Züge.

Aber das konnten Sie ja ungeheuer leicht im Parlament haben, erwiderte Cornelius Herz; es gibt ja dort so viele Leute, die meine Unterschrift kennen.

Diese Einleitung zur Unterhaltung machte die Stimmung etwas frostig.

Die „Lanterne", welche Herrn Rouanet interviewen ließ in dem Augenblick, als er aus Tankerville-House trat, macht uns von diesem Besuch eine interessante Beschreibung.

„Wenn ich nach gewissen Aehnlichkeiten schließen darf, so war das junge Mädchen, das uns zu dem berühmten Kranken führte, die Tochter von Herz." So beginnt Herr Rouanet seinen Bericht. „Herz, von Kopf bis zu Füßen in weißen Flanell gekleidet, saß oder lag vielmehr in einem großen Sessel, der sich neben einem Feldbett befand. Etwas weiter stand eine zweite eiserne Bettstelle, mit weißem Stoff verhängt.

Wir teilten sofort den Zweck unseres Besuches mit; die Untersuchungs-Kommission für Panama hat einen Brief empfangen, der „Herz" unterzeichnet ist, und der Unterzeichnete verlangt in dem Brief, von der Kommission empfangen zu werden, um interessante, mündliche Aufschlüsse und schriftliche Belege über die von uns nachgesuchten Thatsachen für die finanzielle und parlamentarische Bestechlichkeit zu geben. Ehe nun die amtliche Zusage auf dieses Anerbieten erfolgt, hat die Kommission sich erst von der Echtheit des Schriftstücks überzeugen wollen. Und Plichon, der im Besitz des Briefes ist, überreicht ihn Herz.

Mit nachlässiger Miene nimmt Herz den Brief an und sagt: Dieser Brief ist allerdings echt. Der Inhalt des Briefes ist nicht von mir, aber ich habe ihn unterzeichnet. Es ist meine Unterschrift, und ich begreife nicht, wie man die nicht sofort erkannt hat.

Herz spricht langsam, anfangs mit zögernder Stimme, aber dann faßt er sich schnell.

Mein Brief, sagt er, ist Ihnen Samstag Morgen mitgeteilt worden; ich erhalte mich durch die Zeitungen auf dem Laufenden. Indessen hätten Sie den Brief schon Freitag bekommen müssen, denn er ist Donnerstag mit der ersten Post aufgegeben worden.

In diesem Augenblick unterbrach ich unser Gegenüber.

Ich habe gesehen, wie Herr Vallé den Brief entsiegelte, und ich kann Ihnen die Versicherung geben, daß er ihn grade empfangen hatte, als er ihn der Kommission vorlas.

Ach, sagte Herz, darauf lege ich grade keinen sonderlichen Wert. Aber, was mich befremdet, ist der Umstand, daß man so viel Mühe gehabt hat, um meine Unterschrift zu erkennen. Es sind doch so viele Leute in Paris, die sie kennen.

Hier nimmt seine Stimme einen sarkastischen Ton an, voll heftiger Bitterkeit.

Eigentlich hatte doch der Minister der auswärtigen Angelegenheiten (Hanotaux) grade nicht nötig, einen Vertreter des französischen Konsulats hierher zu schicken, wie er es Ihnen angeboten hat, um sich von der Echtheit meiner Unterschrift zu überzeugen. Er kennt sie, er weiß, wer ich bin. Jedermann kennt meine Unterschrift in Paris, vom Präsidenten der Republik an bis zu Hanotaux. Der Beweis dafür ist vorhanden, hier ist ein von Hanotaux unterschriebener Empfehlungsbrief, den dieser mir durch Herrn de Laboulaye, den französischen Minister zu Madrid, zugehen ließ, als ich meine Reise nach Lissabon machte.

Zu gleicher Zeit überreicht Herz ein Blatt Papier, welches den photographischen Abdruck des Briefes, auf den er anspielt, in natürlicher Größe enthält. Aus Höflichkeit gebe ich ihm das Blatt zurück, nicht ohne mich durch einen Blick versichert zu haben, daß es die Unterschrift von Hanotaux enthält.

Sie sehen, sagt er uns, daß er Ihnen persönlich hätte Auskunft geben können, ohne Sie zu veranlassen, Ihre kostbare Zeit zu verlieren. Ich habe sehr nahe Beziehungen zu allen Ihren politischen Persönlichkeiten gehabt, auch mit einer großen Menge von Zeitungsschreibern, die sich jetzt anmaßen, über mich zu schimpfen. Ich will trotz alledem glauben, daß diese Bande noch immer bestehen und daß man mich gern hatte, nicht des Geldes wegen, sondern aus wirklicher Sympathie.

Ich verzichte darauf, zu beschreiben, mit welchem Gesichtsausdruck und welchem Ton diese Worte ausgesprochen wurden. Nachdem diese Unterredung, welche bei Herz eine bittere Verstimmung hervorrief, vorüber war, blieb uns nichts anderes übrig, als uns zurückzuziehen, um der Kommission das Resultat unserer Schritte mitzuteilen.

In diesem Augenblick hält uns Herz durch eine Handbewegung zurück und sagt:

Noch ein Wort. Ich will der Kommission antworten und ihr sagen, wie ich es in meinem Brief versprochen habe, in welche Begebenheiten ich verwickelt worden bin, und das wird Sie dann in Stand setzen, meine Herren, festzustellen, welche Ungehörigkeiten jeglicher Art von den Gerichten und von der Regierung in Bezug auf meine Person begangen worden sind. Aber lesen Sie den Wortlaut meines Briefes. Sie werden dann sehen, daß ich die Forderung stelle, vor der vollständig versammelten Kommission zu erscheinen.

Wenn mein Gesundheitszustand mir gestattet hätte, nach Paris zu gehen, so hätte ich mit Freuden den Vorschlag angenommen, den mir einer Ihrer Kollegen gemacht hat, ein Herr Viviani, der neulich bat, man solle mir ein Sicherheitsgeleit mitgeben. Unglücklicherweise bin ich hier festgebannt. Und trotzdem will ich reden. Ich möchte öffentlich reden, sobald als möglich, um zu zeigen, daß Herz kein Bösewicht ist. Ja, ich bin sehr eilig, Ihnen diesen Nachweis zu liefern, aus dem die Kommission erkennen wird, daß meine Angaben auf fester Grundlage ruhen. Ich weiß nicht, wie viele Tage mir noch vergönnt sind, aber jedenfalls bin ich dem Tode nahe, und ich will nicht sterben, ohne alles gesagt zu haben. Und wäre ich am Sterben, und hätte ich grade einen von meinen schlimmsten Anfällen, wenn Sie kommen, so werde ich doch die Kraft haben zu sprechen.

Aber, fährt er fort, ich will nur unter der Bedingung reden, daß die Kommission fest entschlossen ist, ganz unparteiisch die Wahrheit zu erkennen.

Wir unterbrechen ihn, um ihm zu sagen, daß die Kommission sich sehr beeilt, die ungeschminkte Wahrheit zu erfahren, jede Aufklärung zu schaffen, und daß seine mündlichen und schriftlichen Auseinandersetzungen mit durchaus gerechter Unparteilichkeit angenommen werden sollen.

Ich begreife, sagt er, daß die ganze Kommission mich nicht anhören kann; aber die Majorität, 17 Glieder von 33 zum Beispiel, kann doch die sehr interessanten Aufklärungen, die ich zu geben habe, anhören.

Wie Sie denken, sagt uns Rouanet, unsere Aufgabe bestand hauptsächlich darin, zuzuhören und das, was Herz sagte, im Gedächtnis zu behalten, um es der Kommission zu übermitteln. Bei diesen Worten zogen wir uns zurück.

Wir fragen dann Herrn Rouanet, welchen Eindruck ihm die eben stattgefundene Unterredung gemacht hat.

Ich habe den Eindruck, sagte der Abgeordnete von Montmartre, daß Cornelius Herz verbittert ist über die Undankbarkeit einer Menge Leute, die so thun, als ob sie ihn aufs tiefste verachten, nachdem sie ihm sehr, sehr lange Weihrauch gestreut haben, und als hätte er die Absicht, vor versammelter Kommission seinem Herzen Luft zu machen, und daß er noch viel, viel zu erzählen wüßte.

Sie glauben also, daß sich die Kommission nach Bornemouth begeben soll?

Ich glaube, daß die Kommission keinerlei Mittel versäumen darf, um Licht in die Sache zu bringen, um das Werk der Heilung zu vollziehen, das man ihr anvertraut hat, und ich bin überzeugt, daß sie sehr sorgfältig aus der Quelle Cornelius Herz schöpfen wird."

Liebenswürdige Leserinnen, liebe Leser, Sie werden mit mir der Meinung sein, daß der "Figaro" die Kühnheit hat, die große Kühnheit, im Glashause mit Steinen zu werfen, denn niemand ist darüber in Unkenntnis geblieben, daß diese Zeitung in der Panama= Angelegenheit die bescheidene Summe von einer Million geschluckt hat.

Ich bin überzeugt, daß die Kommission nicht nach Bornemouth gehen wird, denn sie würde nach der Untersuchung gezwungen sein, gegen frühere Minister, Abgeordnete und Senatoren gerichtlich vor= zugehen.

Wenn die französische Regierung und die hochgestellten Hallunken mich in der Hand hätten, würde ich nicht erstaunt sein, wenn man, um mich los zu werden, etwa die Anklage gegen mich erhöbe, daß ich zwischen David Winter und seiner Frau die Ver= bindung abgeschnitten hätte, wie man einst die Unterhaltung zwischen Abälard und Héloïse abschnitt! Glücklicherweise bin ich im Elsaß und befinde mich wohl daselbst.

Uebrigens habe ich nicht die geringste Lust, in Frankreich bei Frau Themis Süßholz zu raspeln.

Sie ist gar zu häßlich, blind, krummbeinig, hinkend, kurz: sie ist eine schauderhafte Person.

Für zweideutige und nichtsnutzige Persönlichkeiten, für alles Gemeine und Häßliche hat sie ein Lächeln, und so gleicht sie den zahnlosen alten Weibern, welche nach Mitternacht auf den äußeren Boulevards in der Gegend von la Villette und Belleville das "Trottoir machen".

Jetzt, da ich den Franzosen einmal die Augen geöffnet habe, da sie selbst ein Urteil fällen können über das, was ihre Verwaltungen zu thun imstande sind, jetzt zähle ich auf ihren Großmut, dessen sie sich so rühmen, um zu verlangen:

Die Wiederaufnahme des Strafverfahrens gegen den Kapitän Dreyfus, den unglücklichen und unschuldigen Gefangenen der Ile du Diable.

Der "Express de Mulhouse" hat mir in seiner Nummer vom 15. Mai einen langen Artikel gewidmet. Er sagt:

Strauß scheint nichts von seiner Thatkraft eingebüßt zu haben; er hat sich durch die schlimmen Tage, die er durchlebt hat, nicht niederdrücken lassen, er wird den Kampf ebenso mutig wieder aufnehmen, wie in den früheren Zeiten.

. . . .

Strauß hat uns seine Ideen mitgeteilt, die wirklich groß sind, und wir wünschen ihm von Herzen, daß sein Vorhaben gelinge.

. . . .

Dieser Strauß, den man für ganz unterdrückt hielt, erhebt sich wieder. Ja, er erhebt sich; er läßt sich nicht durch nichtswürdige Menschen einschüchtern; er kämpft weiter gegen die Wache und er gibt den Feldzug, den er heute gegen die ungeheuerliche, unmenschliche Verurteilung des Kapitäns Dreyfus führt, nicht eher auf, bis ihm Gerechtigkeit zu Teil wird, bis die öffentliche Meinung diese Gerechtigkeit fordert.

.

——•❋•——